# Rock den Himmel, mein Held

# Rock den Himmel, mein Held

*Der Krebs hat sich meinen Mann geholt,*
*doch sein Vermächtnis gibt Tausenden Hoffnung*

INES GILLMEISTER

# Inhalt

# Mein geliebter Held Simon,

Du bist einer der großartigsten Menschen, den ich jemals kennenlernen durfte. Du bist der weltbeste Papa, den sich die Kinder hätten wünschen können. Danke, dass ich zehn Jahre mit Dir verbringen durfte.

In den letzten sechs Jahren hast Du gekämpft wie ein Löwe, Du hast nie aufgegeben. Du hast uns gezeigt, zu was ein Mensch in der Lage sein kann, selbst wenn die Situation eigentlich aussichtslos ist.

Am 6. Juli 2018 um 0.02 Uhr hast du gesiegt, über Kunibert und Deine ständigen Schmerzen. Es war Dein Tag, es war Dein Befreiungsschlag. Ich liebe Dich, mein Held.

Du hast Dir immer gewünscht, dass Deine Geschichte in einem Buch festgehalten werden wird. Nicht weil Du Ruhm und Ehre wolltest, sondern um zu zeigen, dass ein Leben auch mit einer unheilbaren, schweren Krebserkrankung weitergehen kann, dass ein Leben mit Krebs so viel mehr beinhalten kann als Kotzeimer, Glatze und Trübsal.

Ich versuche nun, Deinen Wunsch zu erfüllen. Ich möchte, dass Du nicht vergessen wirst, denn mit Deiner Geschichte hast Du mindestens sechs Menschen die Chance auf ein gesünderes, schönes und vor allem langes Leben geben können. Mit Deiner Geschichte hast Du Aufmerksamkeit erregt, die so wichtig ist. Du hast die DKMS (ehemals Deutsche Knochenmarkspenderdatei) unterstützt, obwohl es für Dich schon zu spät gewesen ist.

Du warst ein Held, Du bist ein Held und Du wirst immer ein Held sein.

Ich hoffe, dass Du Deinen Frieden gefunden hast. Wir vermissen Dich, mein Schatz, wir wissen aber auch, dass es Dir nun endlich besser geht. Wir schicken Dir ganz viele Luftballons und Himmelspost nach oben, versprochen. Deine Urne, Deine Erinnerungskapsel liegt im Friedwald, unter einer mächtigen Buche. Es ist ein magischer Ort, unsere Kinder vermuten, dass es dort vielleicht sogar Einhörner gibt. Falls eines Tages eines dieser Wesen an Deinem Baum vorbeilaufen sollte, dann grüß es von uns.

Wir lieben Dich. Rock den Himmel, mein Held.

Deine Emma, Dein Leonard, Deine Ines

# Krümel

Es ist abends, irgendwas nach 21 Uhr. Emma ist endlich eingeschlafen, wer hätte gedacht, dass ein sechs Monate altes Baby solch starke Bauchschmerzen haben kann? Ich zumindest nicht. Es ist Oktober, der Kalender zeigt das Jahr 2008. Meine Tochter und ich wohnen in einer kleinen Altbauwohnung, nahe dem Zentrum von Berlin. Wir wohnen allein, da Emmas Papa und ich schon zu Beginn der Schwangerschaft feststellten, dass unsere Vorstellungen vom Leben zu weit auseinanderklaffen. Ich bin 24 Jahre alt und beschwere mich bei guten Freunden anscheinend zu häufig darüber, dass mein Zug nun abgefahren sei. Ich jammere, dass es fast unmöglich zu sein scheine, »den einzig Wahren«, den »Mann fürs Leben« zu finden. Irgendwann können sie es nicht mehr hören und melden mich auf einer Single-Plattform im Internet an. Ich belächele das und nehme es nicht ernst. Das alles ist mir zu neumodisch, und es treiben sich mit Sicherheit ausschließlich merkwürdige Menschen dort rum.

An diesem Abend bekomme ich das dritte Mal eine E-Mail von einem Mann, der ähnlich verzweifelt sein muss wie ich. Er ist auf derselben Plattform angemeldet und nennt sich Smallcrumb. Ich frage mich, welcher Mann, der eine Frau sucht, sich tatsächlich und voller Ernst »Krümel« nennt. In seinem Profil habe ich gelesen, dass er später einmal keine Kinder möchte. Ich schaue zu Emma, die eingekuschelt in ihrem Babybett liegt und an ihrem Schnuffeltuch nuckelt. Krümels Lebensplan sieht also andere Dinge vor als meiner. Ich ignoriere seine Nachricht – wie schon die beiden davor.

Am nächsten Tag schreibt mir der Mann mit dem seltsamen Namen erneut. Ich weiß nicht genau, was es ist, aber ich sehe mir sein Profil noch mal genauer an. Er hat verschiedene Fotos hochgeladen, durch die ich mich hindurchklicke. An einem bleibe ich hängen, und obwohl ich es mir nicht eingestehen will – das Bild ist wirklich nett, sehr nett. Ich gucke es immer wieder an. Krümel trägt eine blaue Jacke, einen Ohrring und hat verwuschelte Haare. In der Hand eine riesige Kaffeetasse und im Gesicht ein Lächeln, ein wahnsinnig schönes Lächeln, das Seinesgleichen sucht.

Ich antworte ihm und erzähle ihm gleich, dass ich eine wundervolle Tochter habe, die anscheinend Brokkoli nicht verträgt und nun Bauchweh hat. Ich klicke auf »Senden« und rechne nicht mit einer Antwort. Krümel schreibt trotzdem recht schnell zurück und wünscht gute Besserung. Er benutzt die üblichen Floskeln, fragt, wie es mir geht, und meint, dass er sich freue, dass ich mich zurückgemeldet hätte. In den nächsten Tagen schreiben wir hin und her, um uns am Ende sogar zu verabreden. Ich kann's nicht fassen!

Wir treffen uns an einem Sonntagnachmittag. Eine gute Freundin passt derweil auf Emma auf. Eigentlich wollen wir in den Park gehen, das Wetter hat allerdings andere Pläne. Es ist grau, es regnet und kalt ist es sowieso.

Ich stehe an unserem Treffpunkt und warte. Zwanzig Minuten später warte ich immer noch. Weitere zwanzig Minuten ebenfalls. Ich habe keine Ahnung, was mich dazu veranlasst, so lange auf einen Mann zu warten, den ich gar nicht kenne.

Irgendwann schreibt mir Krümel, der eigentlich Simon heißt, dass er sich etwas verspäten werde (ach was!), die Straßen seien voll. Zum Glück bin ich überzeugte S-Bahn-nutzerin. Dann sehe ich ihn. Meine Befürchtung, Simon eventuell nicht zu erkennen, erübrigt sich. Er kommt lächelnd auf mich zu, gibt mir seine Hand und sagt »Hallo«. Die Haare sind genauso strubbelig wie auf seinem Foto, die Regentropfen rollen über sein Gesicht, und sein Lächeln ist genau jenes, das mich auf seinem Bild so fasziniert hat. So warm und so schön. Seine Zähne sind weiß, er trägt eine graue Hose und Sneaker, die er anscheinend sehr liebt – sie sind abgetragen und verschrammt und spiegeln wider, dass er lebt. Sehr sympathisch.

Wir gehen in ein Café. Simon fragt nach Emma, erzählt von seinen Hobbys – Motorradfahren, Superhelden, *Star Wars*, Lesen und – ja, wirklich! – Shoppen. Ich mache einen Witz darüber, weil ich shoppen nicht leiden kann. Es wird nicht still, wir reden über die verschiedensten Dinge. Es ist fast so, als würden wir uns bereits seit Ewigkeiten kennen.

Als der Regen vor dem Fenster nachlässt und es nur noch nieselt, gehen wir doch noch in den Park, an eine Stelle, an der zwei riesige Schaukeln stehen. Ich will unbedingt schaukeln, Simon nicht. Er stellt sich daneben, breitbeinig und mit verschränkten Armen. Er hat in diesem Moment etwas von einem Bodyguard, der darauf aufpasst, dass ich nicht von der nassen Schaukel rutsche, und der mich auffängt, falls doch. Jedes Mal, wenn ich etwas höher schaukele, zuckt er. Er guckt mich ununterbrochen an und lächelt immerzu dieses Lächeln, das ich so toll finde.

Der Regen wird wieder stärker, aber ich möchte diesen Moment nicht verlassen. Simon anscheinend auch nicht. Ich schaukele und er lächelt tapfer weiter. Erst als wir nass bis auf die Haut sind, gehen wir in ein weiteres Café. Triefend und zitternd vor Kälte tropfe ich den Boden voll. Simon gibt mir seine blaue Jacke, obwohl sie genauso nass ist wie der Rest. Macht nichts.

Als zwei dampfende Tassen vor uns stehen, frage ich ihn, warum er keine Kinder haben will. Simon wirft mir einen langen Blick zu, bevor er sagt: »Ich fühle mich nicht bereit dafür, die Verantwortung für einen anderen Menschen zu übernehmen.«

Wow, das ist ehrlich!

»Du weißt, dass zu Hause meine Tochter auf mich wartet? Emma? Das Kind, das keinen Brokkoli verträgt.«

Er nickt.

»Warum hast du mir trotzdem geschrieben?«

Simon zuckt mit den Schultern. »Keine Ahnung«, meint er. »Irgendwas in mir sagte, dass ich es tun sollte.«

Es ist ein tolles Date, dennoch denke ich auf dem Nachhauseweg, dass ich ihn nicht wiedersehen will. Ein Mann, der keine Verantwortung übernehmen möchte und sich keine Kinder vorstellen kann, kollidiert zu sehr mit meinem Leben. Trotzdem telefonieren wir jeden Tag, um uns schon eine Woche später erneut zu treffen. Ich mag die ungezwungene Stimmung zwischen uns. An eine Beziehung denke ich nicht, Simon ebenso wenig.

Irgendwann treffen wir uns im Kino. Während des Films wandert seine Hand immer näher zu meiner, bis sie sich berühren. Obwohl ich es eigentlich vermeiden will, kriege ich eine Gänsehaut. Vom Film bekomme ich nicht mehr viel mit, weil ich zu sehr damit beschäftigt bin, mir zu sagen, dass der Mann, der sich Krümel nennt, nicht derjenige sein kann, den ich suche.

Später wollen wir tanzen gehen. Beneidenswerterweise sehe ich jünger aus, als mein Personalausweis nahelegt. Um in einen Club zu kommen, muss ich mich regelmäßig ausweisen. Allerdings liegt mein Ausweis zu Hause, und Simon denkt, dass das nur eine Ausrede sei, um das Date zu beenden. Bevor er enttäuscht von dannen ziehen kann, sende ich einen Hilferuf an eine Freundin, die einen Schlüssel zu meiner Wohnung hat. Entweder hat sie Mitleid oder Angst, dass mein Jammern sonst bald wieder losgeht; ich weiß es nicht genau. Zumindest treffen wir uns auf der Hälfte des Weges zwischen meiner Wohnung und dem Club und sie schwenkt schon von Weitem meinen Perso durch die Luft.

»Danke, du bist die Beste!«

Sie winkt ab und grinst. »Los, seht zu, dass ihr endlich in den Club kommt!«

Das machen wir! Simon scheint die Die Ärzte zu mögen und tanzt so gar nicht wie ein Smallcrumb beim Song *Monsterparty*. Ich muss mir eingestehen, dass ich nicht mithalten kann.

Wir tanzen die ganze Nacht, wenngleich ich genau weiß, dass ich es am nächsten Tag bereuen werde. Emma ist es nämlich egal, wann ich ins Bett gegangen bin; wenn sie wach ist, ist sie wach. Aber das ist in diesem Moment nebensächlich. Und dann passiert, was passieren muss: Zack ... Wir küssen uns. Natürlich nicht nur einmal.

Seine Lippen sind so weich, wie sie auf dem Foto aussehen. Grandios, ich habe angefangen, einen Mann anzuhimmeln, der eigentlich so gar nicht in mein Leben passt.

Am frühen Morgen bin ich zu Hause und löse meinen armen Babysitter ab. Eine Stunde später wacht Emma auf. Geschlafen habe ich nicht. Ich erzähle meiner Tochter von Simon und dass ich keine Ahnung habe, warum er sich Krümel nennt. Ich erzähle ihr, dass er ein toller Kerl ist, der sich ehrenamtlich beim DRK engagiert. Er hilft anderen Menschen, das ist etwas, das nicht selbstverständlich ist. Emma gluckst mich an, als habe sie verstanden, was ich zu ihr sage.

Simon und ich treffen uns weiterhin. Irgendwann schläft Emma bei ihrem Papa, und ich habe über Nacht frei, das erste Mal. Ich verabrede mich mit Simon, wir wollen bei ihm zu Hause etwas kochen. Zuvor stehe ich elend lang vor meinem Kleiderschrank und kann mich für nichts entscheiden. Ich möchte gut aussehen, ohne dass es so aussieht, als hätte ich beabsichtigt, gut auszusehen.

Als ich Stunden späte endlich bei ihm klingele, öffnet Simon mir die Tür. Ich trete in eine Wohnung ein, die nach Waschmittel riecht. Alles ist aufgeräumt, jede Menge Aktenordner und Bücher stehen in den Regalen. An der apfelgrünen Küchenwand kleben Wandtattoos – sehr kitschige, schwarze Blumenranken. Simon trägt Hausschuhe.

Ich bin da eher der chaotische Mensch. Bücher besitze ich auch, Aktenordner nicht. Die Wand in meiner Küche ist weiß mit Kürbisbreiflecken über dem Herd. An meiner Wand hängt ein Poster von Che Guevara. Noch vor einem Jahr wohnte ich in einer Studenten-WG, die am Wochenende manchmal mehr lebte als die Bewohner. Mein Bein zieren bunte Bilder, ich studierte Politik, um danach zu beschließen, dass ich doch lieber Erzieherin werden will.

Simon dagegen scheint sehr strukturiert, karrierebewusst und gut organisiert. Eines aber haben wir gemeinsam: Seine Ohren und meine Lippe sind gepierct. Immerhin. Wir kochen Spaghetti bolognese. Danach gucken wir uns eine DVD an, der Rest ist Geschichte. Wir treffen uns weiterhin. Im Dezember fragt mich Simon, ob er Emma kennenlernen darf. Einen Tag später steht er völlig verzweifelt im Spielzeugladen und lässt sich über eine Stunde lang beraten, was einem acht Monate alten Mädchen gefallen könnte.

Emma hat an diesem Tag wieder Bauchweh, ist quengelig und nicht besonders gut gelaunt. Grandiose Voraussetzung für das erste Treffen mit Simon.

Als es klingelt, halte ich das kleine Mädchen auf dem Arm. Simon betritt die Wohnung und lächelt. Wir gehen ins Wohnzimmer, setzen uns auf mein neues Kunstledersofa und reden. Simon zeigt Emma sein Mitbringsel, eine Stoffrassel. Sie ist begeistert und lutscht sofort darauf herum. Das Quengeln hat ein Ende. Simon legt seine Hand auf ihr Bein, Emma guckt und beugt sich zu ihm hinüber.

»Ich glaube, sie möchte zu dir«, sage ich und setze sie auf seinen Schoß. Dieses Bild werde ich nie vergessen: Beide strahlen sich an.

Am 14. Dezember 2008 besuche ich Simon wieder bei ihm zu Hause. Der Geruch von Waschmittel wirkt mittlerweile vertraut. Ich habe meine Zahnbürste dabei, weil ich heute bei ihm übernachten werde. Am Abend sitzen wir auf seinem Balkon, Simon guckt mich an und sagt:»Sag mal, wenn wir uns mal zusammen mit meinen Freunden treffen, wie stelle ich dich dann vor – als was?«

Es dauert einen Moment, bis ich verstehe, was er gerade versucht hat, mir zu sagen.

»Darf ich dich dann als meine Freundin vorstellen?«

Zwei Wochen später baute Simon ein Babyreisebettchen in seiner Wohnung auf, stellte einen Hochstuhl an seinen Esstisch und eine Spielzeugkiste ins Wohnzimmer. Meine Zahnbürste musste ich inzwischen nicht mehr mitbringen – Emma und ich hatten unsere eigenen in Simons Badezimmer. Er lernte Schlaflieder und Techniken, wie man ein knapp einjähriges Kind am besten anzieht. Er trocknete Emmas Tränen und lachte mit ihr.

Wir lebten sehr lebendig, stritten leidenschaftlich und vertrugen uns wieder. Unsere Freunde verstanden uns oft nicht. Für seine Vertrauten war ich vermutlich »Die merkwürdige Streitlustige«, und für meine Lieben war er »Der merkwürdige Streitlustige«, es passte also. Gegen alle Erwartungen hielt unsere Beziehung.

Emma feierte ihren ersten Geburtstag. Sie sprach zu diesem Zeitpunkt drei Worte: Tomate, Mama und Momo – das war ihr Spitzname für Simon.

Wir fuhren in den Urlaub, mal mit Emma, mal ohne. Wir machten Ausflüge in den Park, in den Zoo und zu Indoorspielplätzen. Simon hielt Emmas Hand, als sie ins Krankenhaus musste, er half ihr bei den ersten Schritten. Manchmal kaufte er T-Shirts für das kleine Mädchen, weil er sie so »niedlich« gefunden hatte.

Obwohl wir uns oft sahen, zogen wir nicht zusammen. Wir liebten uns, das wussten wir. Aber jeder von uns brauchte seinen eigenen Raum; für den Notfall.

Eines Abends kuschelten wir auf dem Sofa, er strich mir die Haare aus dem Gesicht und sagte, was für ein Glück er habe. Welcher Mann könne schon behaupten, sich gleich zwei wundervolle Frauen auf einmal geschnappt zu haben. In diesem Moment wusste ich, dass es Simon ernst meinte, so richtig ernst. Mein Körper wurde von einer Welle durchflutet, ich zitterte und wusste kaum, was ich sagen sollte. Als wäre es Zauberei.

Emma feierte ihren zweiten Geburtstag. Kurz nach ihrem dritten Geburtstag wurde sie getauft. Die Familie ihres Papas wohnt in Bayern. Alle sind katholisch, ich bin konfessionslos. Emma glaubte an Gott, betete hin und wieder. Sie wollte getauft werden, ihr Papa wollte das sowieso. Ihr großer Tag fand in Bayern statt, in derselben Kirche, in der auch ihr Papa und ihre Oma getauft worden waren.

Simon und ich begleiteten sie. Emma liebte ihr weißes Kleid und die ganze Aufmerksamkeit um sie herum. Als sie die Kirche betrat, hielt sie an der rechten Hand ihren Papa und an der linken Simon. Sie erzählte jedem, dass sie zwei Papas habe. »Ich hab Papa und Momo.«

Als wir in diesem Jahr gemeinsam mit ein paar Freunden Silvester feierten, standen wir um Mitternacht draußen und schossen Raketen mit kleinen Wunschzetteln in den Himmel. Wir freuten uns auf das kommende Jahr. Aufregend sollte es werden – Simon hatte seine Meisterschule beendet und wollte beruflich durchstarten. Er arbeitete bei Daimler und plante manche Projekte, zum Beispiel wie man

Mitarbeiter mit Handicaps im Arbeitsalltag besser unterstützen konnte. Ich hatte die Idee, nun endlich meinen Führerschein zu machen. Wir küssten und umarmten uns. Simon sagte: »Weißt du, ich lieb dich ganz schön dolle.« Auch wenn wir uns gestritten hatten, und das zum Teil über Belangloses, auch wenn wir immer noch grundverschieden waren – es war alles richtig zwischen uns. Ich hätte in diesem Moment neben keinem anderen Menschen stehen wollen. Es gab Tage, an denen ich mein Glück gar nicht fassen konnte. Egal wohin ich ging, Simon hielt stets seine schützende Hand über mich. Beim Autofahren legte er jedes Mal, wenn er bremste, seinen Arm vor meine Brust, als befürchte er, ich könne sonst durch die Windschutzscheibe fliegen. Der Krümel mit dem Fotolächeln war zu meinem persönlichen Superhelden geworden.

# Die Sache mit dem Rücken

Im Januar 2012 quälte uns ein Magen-Darm-Virus. Emma und Simon ging es nach einiger Zeit wieder besser. Bei mir hingegen wollte die Übelkeit nicht vergehen. Es dauerte eine Weile, bis wir feststellten, dass mein »Magenproblem« anderer Natur war: In meinem Bauch wuchs Superheld Nummer zwei, unser Miniheld, heran.

Als es mir endlich wieder besser ging, half Simon seinem besten Freund beim Umzug. Im Anschluss peinigten ihn starke Rücken- und Schulterschmerzen. Wie es sich für echte Heldenmänner gehört, tat er sie zunächst als Kleinigkeit ab.

»Ach, ich habe mich nur verhoben«, sagte er, wenn ich ihn darauf ansprach.

Die Wochen vergingen, die Schmerzen nicht. Irgendwann konnte er sich kaum noch bewegen, sodass ich ihn im März endlich zum Orthopäden schickte. Dieser tippte auf einen Bandscheibenvorfall und überwies Simon zum CT. Bis es so weit war, vergingen etwa fünf Wochen.

Im April feierte unsere Tochter ihren vierten Geburtstag. Zusammen mit vielen Freunden, meinem Babybauch, der inzwischen größer war als Simons, und den Schmerzen des Helden. Simon trug diverse Wärmepflaster, nahm Schmerzmittel und versuchte tapfer, den Tag zwischen vielen wuseligen und lauten Kindern zu überleben. Abends brach er völlig k. o. auf dem Sofa zusammen.

»Oh Mann«, sagte ich, als ich meinen Helden so geschlagen vor mir liegen sah. »Hoffentlich bestätigt sich der Verdacht auf Bandscheibenvorfall nicht.«

So kurz vor der Zeit mit zwei Kindern wären eine eventuelle Operation und die Maßnahmen danach ganz schön ungünstig gewesen. Simon wollte den Kinderwagen schieben, Windeln wechseln und das Baby in einem Tragetuch tragen. Dazu war ein gesunder Rücken unabdingbar.

»Das wird schon«, stöhnte er.

Wir versuchten, uns gegenseitig zu beruhigen, dass es nichts Schlimmes sei. Warum auch? Warum gerade jetzt? Vermutlich war es nur eine sehr hartnäckige Verspannung, ein eingeklemmter Nerv oder Ähnliches. Simon war noch nie zuvor wirklich krank, nie im Krankenhaus gewesen. Warum also sollte jetzt etwas Derartiges eintreten?

Zu diesem Zeitpunkt wohnten wir immer noch nicht zusammen. Obwohl wir uns häufig sahen, hatten wir uns bislang gegen diesen Schritt entschieden. Nun überlegten wir, ob es an der Zeit war, das endlich zu ändern. Zumal es für ein Familienleben das Praktischste war.

Während wir Pläne schmiedeten, freuten wir uns auf unseren Sohn, den kleinen Batman Leonard, der im September zur Welt kommen sollte. Nachdem ich ihn bereits seit dem ersten Ultraschallbild zum Minihelden erklärt hatte, benannte Simon ihn konsequent nach seinem persönlichen Lieblingshelden. Und analog zum Spitznamen unseres Babys forderte nun auch Emma ihren eigenen Superspitznamen ein und wurde so zur Einhornbändigerin. Sie konnte ihren kleinen Bruder kaum erwarten und versprach: »Wenn er in die Schule kommt, dann kann ich ihm schon helfen und mache das auch.«

Unser Held freute sich vor allem aufs Fußballspielen, auf männliche Verstärkung in der Familie. Er bekam glänzende Augen, wenn er daran dachte, dass wir schon ganz bald Ausflüge zu viert machen würden. Oft nahm er die Babysachen aus dem Schrank, um sie auf meinen Bauch zu legen. Simon roch an ihnen, seine Fingerspitzen strichen die zarten Nähte der winzigen Kleidung nach. Alle Zeichen standen auf Familie, die Weichen waren gestellt, und es sollte einfach nur Geradeaus weitergehen. Einen Plan B gab es nicht. Wozu auch?

Abends streichelte Simon oft meinen Bauch, er sprach mit dem kleinen Batman und eigentlich war alles perfekt, wenn da bloß diese schlimmen Rückenschmerzen nicht gewesen wären. Endlich kam der Tag der Computertomografie. In der Erwartung, nun endlich Gewissheit zu erlangen und etwas unternehmen zu können, ging Simon guten Mutes zu seinem Termin. Und kam ernüchtert zurück: Erst in einer Woche sollte er das Ergebnis erfahren.

»Sei's drum«, brummte er, »auf die paar Tage kommt's nun auch nicht mehr an.«

Die Woche verstrich, das Ergebnis kam. Aber anstatt Simon zu sagen, was los war, blieb der Arzt sehr verhalten. Der Mann in Weiß meinte, dass die Bilder nicht eindeutig seien und dass unser Held zu einer weiteren bildgebenden Untersuchung gehen müsse. Inzwischen war es Anfang Mai.

Emma und ich machten oft Ausflüge ins Grüne. Simon konnte nicht mitkommen, weil die Schmerzen inzwischen so schlimm geworden waren, dass er kaum noch laufen konnte. Arbeiten ging ebenfalls nicht; Simon hatte sich krankschreiben lassen. Unsere Tochter fragte regelmäßig, was Momo denn habe.

»Das müssen die Ärzte noch rausfinden«, sagte ich zu ihr, unzufrieden mit meiner eigenen Antwort. In mir machte sich langsam ein ungutes Gefühl breit. Mir war oft flau im Bauch, obwohl ich die Schwangerschaftsübelkeit doch bereits überwunden hatte. Das machte mir Angst, denn meinem Bauch konnte ich schon immer vertrauen. Irgendwas ging da vor sich, das nicht gut sein konnte. Nach wie vor hofften wir, dass es kein Bandscheibenvorfall war, irgendwas anderes, aber nicht das. Dass sich dieser Wunsch später als zynisch herausstellte, konnten wir zu diesem Zeitpunkt noch nicht wissen.

Im Juni verfolgten wir die Fußball-EM im Fernsehen. Ich hasse Fußball, hatte aber Mitleid mit Simon, da es kaum etwas anderes gab, das er sonst machen konnte. An einem Freitagabend, zwei Tage, bevor Deutschland gegen Schweden spielen sollte, ging es unserem Helden immer schlechter. Er wusste nicht, ob er sitzen oder stehen sollte. Liegen ging auch nicht. Ich bat ihn, einen Rettungswagen zu rufen. Am Telefon wurde er jedoch abgewiesen mit dem Hinweis, er solle sich an einen Bereitschaftsarzt wenden.

Da ich eine Tendenz zur Panik habe und dann sehr hartnäckig werden kann, rief ich erneut die Notrufnummer an. Ich erzählte die gleiche Geschichte wie Simon, fügte allerdings hinzu, dass ich in der 23. Woche schwanger sei, mir große Sorgen mache und das bestimmt nicht gut für meine vorzeitige Wehentätigkeit sei. Keine zehn Minuten später stand der Rettungswagen vor unserer Tür.

Die Sanitäter entschieden, unseren Helden mitzunehmen, wobei sich die Treppen des Altbauhauses als fast unbezwingbar erwiesen. Drei Etagen mussten gemeistert werden. Es war ein furchtbarer Anblick.

Ich blieb zu Hause zurück, da ich tatsächlich leicht angeschlagen war. Unsere Tochter verbrachte das Wochenende bei ihrem Papa-Eins. Ich saß nervös im Wohnzimmer, starrte mein helles Kunstledersofa an und fragte mich, wie da schon wieder ein Kugelschreiberstrich hingekommen sein konnte. Ich putzte und versuchte alles, um diesen Fleck zu entfernen. Danach den Fußboden, dann die Küche, um dann wieder beim Sofa von vorn anzufangen. Gegen zwei Uhr nachts schrieb mir Simon eine Nachricht:

*Die wissen noch nichts, komme jetzt erst mal auf die Krebsstation, woanders ist bestimmt kein Platz mehr.*

Nachdem ich diese Zeilen gelesen hatte, schrubbte ich erneut das Sofa. Der Kugelschreiberfleck war irgendwann tatsächlich verschwunden, das Kunstleder vom Sofa aber leider auch. Ich schrie das Sofa an, warum es denn jetzt kaputtgegangen sei. Dass das nicht richtig sein könne und es ein Fehler in der Produktion sein müsse. Dieses blöde Sofa! Irgendwann trat ich dagegen und verletzte mir dabei leicht den Fuß. Ich schrie meinen Fuß an.

Ich schrie alles an, schließlich auch mein Spiegelbild, weil ich einfach nicht wahrhaben wollte, was Simon mir geschrieben hatte. Ich konnte mir beim besten Willen nicht vorstellen, dass man ihn nur deshalb auf der onkologischen Station untergebracht hatte, weil woanders kein Platz mehr war.

Irgendwann setzte ich mich auf das breite Fensterbrett in der Küche, atmete die dreckige Großstadtluft ein und fragte mich, was ich eigentlich an einem Bandscheibenvorfall so schlimm gefunden hätte. Plötzlich erschien das gar nicht mehr so dramatisch.

Am Samstag fuhr ich ins Krankenhaus. Simon hatte geistesgegenwärtig seine CT-Bilder mitgenommen. Mein kluger Mann dachte selbst in solchen Momenten immer noch mit. Ich schrie nur das Sofa an. Die Ärzte hatten Simon Blut abgenommen und wollten die Ergebnisse abwarten, bevor sie mit uns sprachen. Es dauerte bis Sonntag. Man bat uns in ein Ärztezimmer, wir sollten uns setzen. Vor uns nahmen drei Menschen in weißen Kitteln Platz. Einer reichte Simon und mir je ein Glas Wasser. Der Heldensohn in meinem Bauch stoppte mit dem Strampeln. Es war ruhig, viel zu ruhig.

Plötzlich holte einer der Menschen vor uns tief Luft und redete. Er erzählte von etwas, das er Multiples Myelom nannte, einer bösartigen Erkrankung des blutbildenden Systems im Knochenmark. Der zweite Mensch in Weiß sprach über Knochenfraß, der die Schmerzen verursache, von Löchern in den Wirbeln der Wirbelsäule. Der Dritte zog uns schließlich den Boden unter den Füßen weg. Er redete lang, wirklich lang; von einer eingeschränkten Lebenserwartung, von Stadium drei, weit fortgeschritten, ungünstige Zytogenetik und der Prognose von drei bis vier Jahren.

Ich atmete ein und atmete aus. In meinem Bauch war es immer noch ruhig, und ich überlegte, aufzustehen und wortlos den Raum, die Klinik und das Land zu verlassen. Ich wandte Simon den Kopf zu, Simon rutschte in seinen Stuhl und trank sein Wasser, alles auf einmal.

Am nächsten Tag sollte der Beckenknochen punktiert werden, um möglichst schnell mit der ersten Chemotherapie zu beginnen.

Chemotherapie. Das war ein Wort, das ich nur aus schlechten amerikanischen Arztserien kannte. Wir verließen den Raum und weinten. Ewig und so doll, dass ich fast das Atmen vergaß. Das konnte alles gar nicht sein, die mussten sich irren, den Patienten verwechselt haben. Simon war zu diesem Zeitpunkt 31 Jahre alt, ich 27. Wir hatten eine vierjährige Tochter, und im September sollte unser Sohn zur Welt kommen. Wir redeten doch schon davon, wie es sein würde, wenn er in die Schule käme. Und plötzlich wussten wir noch nicht einmal, ob Simon an Leos Einschulung überhaupt dabei sein würde.

Mit Feststellung der Schwangerschaft hatte mir mein Frauenarzt Beschäftigungsverbot erteilt. Damit war es mir möglich, vormittags, wenn unsere Tochter in der Kita war, zu Simon in die Klinik zu fahren. Wenigstens etwas. Im Flur der Station begegneten wir anderen Patienten, ohne Haare, mit einem Zugang im Hals und einer seltsamen Hautfarbe. Das war gruselig, sehr gruselig.

Am Mittwoch folgte das nächste größere Arztgespräch. Die Ärzte hatten auf mich gewartet. Das konnte kein gutes Zeichen sein. Sie redeten von einer Hochdosis-Chemo, die noch dieses Jahr stattfinden sollte. Die, bei der unser Held in ein Isolationszimmer müsse, weil er kein Immunsystem mehr haben werde. Später werde man ihm seine eigenen Stammzellen zurücktransplantieren, die er zuvor für sich selbst spenden werde.

»Das nennt sich autologe Stammzelltransplantation«, erklärte uns einer der Ärzte, und in meinem Kopf rauschte es. »Später wird dann eine fremde Stammzellspende nötig sein.«

Wir hörten, dass zuvor vier Zyklen einer anderen Chemotherapie durchgeführt werden sollten, als eine Art Vorbereitung. Im Herbst dann die Hochdosis.

Moment, im Herbst sollte doch unser Sohn geboren werden. Das ging doch nicht! Was ist eigentlich aus dem Bandscheibenvorfall geworden, wo ist der hin?

Wieder verließen wir heulend das Arztzimmer, ein Desaster nach dem nächsten. Als wir den Gang der Station entlangschlichen, hörte ich plötzlich ein Geräusch, dass ich nie wieder vergessen werde. Da knackte etwas, relativ laut und so seltsam, dass ich es mit nichts anderem vergleichen konnte. Zeitgleich rutschte Simons Hand aus meiner, er ging zu Boden und schrie auf. Er schrie, wie ich noch nie jemanden habe schreien hören, und krümmte sich vor Schmerzen. Ich dachte an mein furchtbar hässliches Sofa und schrie ebenfalls. Die Schwestern kamen angerannt, die Ärzte auch. Simon wurde auf ein Bett gelagert und sofort ins MRT gefahren. Drei Wirbel der Wirbelsäule, die vom Myelom bereits angefressen waren, waren gebrochen. Ein weiterer angebrochen. Die Bilder zeigten weiterhin, dass die betroffenen Stellen am Beckenknochen größer geworden waren. Simon wurde in den OP geschoben, die Brüche wurden versorgt, der angebrochene Wirbel mit Knochenzement aufgespritzt. Am Folgetag hatte unser Held nach wie vor starke Schmerzen und bekam Morphin, jede Menge davon.

Er lag in seinem Bett, Gitter an beiden Seiten, und über ihm hing ein riesiger Infusionsbeutel. Simon sah mich kurz an, begrüßte mich mit »Hallo Krankenschwester« und schlief wieder ein. Ich schob meinen Stuhl, auf den ich mich eigentlich gerade setzen wollte, zur Seite, verließ das Zimmer und machte mich auf die Suche nach einem Arzt.

Wir waren zu diesem Zeitpunkt noch nicht verheiratet, was es manchmal schwierig machte, Auskunft zu bekommen. An diesem Tag hatte ich Glück und fand jemanden, der mit mir sprach. Der angebrochene Wirbel schmerzte stark, das angeknabberte Becken auch. Zusätzlich waren in der Nacht zuvor zwei Rippen gebrochen. Mein Held stand unter starken Schmerzmitteln, die ihn benommen machten, zum Teil orientierungslos.

Okay, er durfte also so sein.

Als ich in Simons Zimmer zurückkehrte, begrüßte er mich abermals als Krankenschwester. Ich nickte und meinte, dass ich mit den Kollegen abgesprochen habe, ihn etwas frisch zu machen. Ich habe schon viele Menschen gewaschen, allerdings waren sie meist unter einem Meter groß und gingen noch in die Kita. Das hier war etwas anderes. Ich biss mir auf die Lippe, um nicht in Tränen auszubrechen.

Mein Held dämmerte immer wieder weg, und jedes Mal, wenn er aufwachte, freute er sich, dass ich, die nette Krankenschwester, noch da war. Irgendwann entdeckte er meinen dicken Bauch, und ich hoffte, dass ihm dadurch bewusst würde, wer ich war.

Simon lächelte, zeigte mit seiner von Zugängen zerstochenen Hand auf meinen Bauch und sagte:»Oh, das ist ja schön, freut sich denn der Papa auch so sehr?«

Ich ließ das Handtuch fallen, setzte mich, atmete ein und atmete aus. Nur das Atmen nicht vergessen. Atmen. Ich biss mir erneut auf die Lippe, um die Fassung zu wahren. Ich versuchte zu lächeln und nickte. Ich nahm Simons Hand und meinte, dass ich mir ganz sicher sei, dass der Papa vom Bauchjungen sich freue und dass ich glaubte, dass er ein großartiger Papa für unseren Sohn sein werde.

Simon beglückwünschte mich zu so einem tollen Partner und schlief erneut ein. Das Timing war gut, wir waren fertig mit waschen. Ein Praktikant holte die Schüssel ab, und ich fragte, ob Simon heute schon etwas gegessen habe. Er verneinte und brachte mir Wassermelone. »Sobald Ihr Mann aufwacht, können Sie versuchen, ihm etwas davon anzubieten.«

Ich stockte kurz, sagte aber nichts. Mir wurde in diesem Moment bewusst, dass das alles einfach nicht richtig sein konnte. Das, was ich hier tat, war falsch. Auch wenn mich mein Held mehrfach mit »Hallo Krankenschwester« begrüßt hatte und es im Laufe des Tages weitere Male wiederholte – ich war nicht seine Krankenschwester, denn eigentlich hätte er keine brauchen dürfen, verdammt noch mal. Ich verließ das Zimmer und setzte mich vor der Klinik auf eine niedrige Mauer, wo ich fassungslos in den Himmel starrte, an mein beiges Sofa dachte und heulte. Ich schrie nach oben, dass es noch nicht so weit war, dass ich das allein nicht schaffen würde und Simon hier noch nicht fertig sei.

Am Nachmittag versuchte ich, unseren Helden in seinen wachen Momenten von den Vorzügen der Wassermelone zu überzeugen. Das Problem war nur, dass er während des Kauens immer wieder einschlief und ich Angst bekam, dass er sich verschlucken könnte. Unzählige Male musste ich ihn anstupsen, damit er wenigstens kurz wach blieb.

An diesem Tag war ich insgesamt 13 Stunden bei Simon. Als ich nach Hause fuhr, konnte ich keinen klaren Gedanken fassen. Ich war ein Mensch mit einem starken Sicherheitsbedürfnis, ich hatte Pläne für mein Leben und hielt mich für viel zu schwach, um die aktuelle Situation zu überstehen.

Zu Hause holte ich meinen Koffer aus der hintersten Ecke des Schlafzimmers. Neben mir stand ein neues Babybett, in dem Emmas Lieblingspuppe schon mal zur Probe lag. Ich starrte auf sie hinab und hatte keine Ahnung, wie das alles funktionieren sollte. Ich öffnete den Koffer und verstaute meine und Emmas Kleider darin, Zahnbürsten, Lieblingskuscheltiere und ein Buch mit Gute-Nacht-Geschichten. Ich wollte einfach nur weg, ganz weit, egal wohin. Einfach nur weg.

Aber wohin sollte ich denn? Und warum eigentlich? Ich wollte Simon nicht verlassen, nur die Situation, in der wir uns befanden.

»Allerdings wird sich diese Situation auch nicht verändern, wenn ich flüchte«, sagte ich zu der Puppe im Babybett und packte unseren Koffer wieder aus. Stattdessen füllte ich ihn mit Dingen, die ich Simon am nächsten Tag in die Klinik bringen wollte. Ich legte Zettel dazu, auf denen ich Worte wie »Zuversicht«, »Hoffnung«, »Optimismus« und »Kraft« schrieb. Ich wollte meinem Helden etwas mitgeben, zu dem ich gerade selbst nicht in der Lage war.

Als ich ihn am nächsten Tag besuchte, war er tatsächlich ansprechbar. An den Vortag konnte er sich nicht erinnern, zum Glück eigentlich. Heute sollte der erste Zyklus der ersten Chemotherapie starten. Mein Held war nervös, ich war es auch. Wir hatten keine Ahnung, was da auf uns zukam.

# Chemoritter

Simon machte sich große Sorgen um seine Haare. Morgens brauchte er immer eine Ewigkeit, bis sie so lagen, wie er wollte, wobei es immer dann am merkwürdigsten aussah, je länger er im Bad gebraucht hatte. Gewisse Geheimratsecken ließen sich schon seit einer ganzen Weile nicht mehr leugnen, und nun hatte er Angst, dass ihm die Haarpracht komplett ausfallen könnte.

Ich versuchte ihn damit zu trösten, dass die Haare wieder nachwachsen würden und ihm eine Glatze bestimmt auch ganz gut stehe. Außerdem bräuchte er sich nicht mehr mit seiner Frisur unter Druck zu setzen und ich könnte ihm endlich auch tagsüber über den Kopf streicheln. Das war nach Fertigstellung seiner Frisur nämlich streng verboten.

»Danke«, sagte er halb traurig, halb lächelnd.

Kurz nach Beginn zeigte die Chemotherapie erste Nebenwirkungen, die jedoch deutlich schwächer ausfielen als befürchtet. Simons Füße kribbelten häufig und sein Geschmackssinn ließ nach. Übel war ihm dafür kaum. Wir redeten viel, unter anderem darüber, dass ich Emma endlich erzählen wollte, was vor sich ging.

Simon sollte vermessen werden, damit er ein angepasstes Boston-Korsett bekam, eine Art Panzer am Oberkörper, der die gebrochenen Wirbel im Rücken stützen sollte. Wenn unser Held wieder nach Hause käme, würde er dieses Teil immer noch tragen, sichtbar über dem T-Shirt.

Wie also erklärt man das einer Vierjährigen, die eine soziale und empathische Ader hat, die Ihresgleichen sucht? Wie? Simon und ich versuchten, einen Weg zu finden, unsere Situation in eine Geschichte zu verpacken. Ich fühlte mich völlig überfordert, weil ich nicht wusste, wie ich unserer Tochter etwas erzählen sollte, das ich selbst noch nicht so recht verstanden hatte.

Wir saßen im Außengelände der Klinik, er im Rollstuhl, ich neben ihm auf der Bank. Wir sprachen über Emma. Dann, völlig unvorbereitet, fragte er mich: »Sag mal, Krebs hab ich aber nicht, oder? Mit ›bösartig‹ hat der Arzt etwas anderes gemeint, nicht?«

Meine Kehle war zugeschnürt, das Baby in meinem Bauch hörte auf zu strampeln und ich hielt die Luft an. Ich überlegte kurz, ihn anzulügen. Mein Mund öffnete sich, um etwas zu sagen, mein Hirn aber schrie mich an, ruhig zu bleiben. Ich wollte etwas sagen, konnte es jedoch nicht. Offensichtlich hatte unser Held noch weniger verstanden, was vor sich ging, als ich. Oder er war besser im Verdrängen.

Ich sah in seine wunderschönen Augen, die noch nie zuvor so müde ausgesehen hatten. Ich küsste seine weichen Lippen, hielt seine Hand und schwieg. So saßen wir dort, eine gefühlte Ewigkeit. Irgendwann versuchte ich, ihm alles noch einmal zu erklären. Dass er ein Multiples Myelom habe und dass dies eine schwere Krebserkrankung sei. Der Krebs sitze dabei im Knochenmark und sei dadurch überall. Er knabbere an den Knochen, darum brauche unser Held dieses Korsett. Es sei nicht heilbar, aber man könne es zurückdrängen. Keiner könne uns sagen, wie lange es möglich sei, das Myelom aufzuhalten. In jedem Fall jedoch gehe es einher mit einer stark eingeschränkten Lebenserwartung. Die Zahlen, die uns im Arztgespräch genannt worden waren, ließ ich weg.

Simon nickte und sagte: »Das ist scheiße.«

Richtig, mein Schatz, das war es.

Am Nachmittag holte ich Emma aus der Kita ab. Wir gingen nicht wie sonst auf den Spielplatz, sondern kuschelten uns zu Hause auf das beigefarbene Kunstledersofa mit dem weggescheuerten Kugelschreiberfleck. Am liebsten hätte ich es erneut angebrüllt. Ich fragte unsere Tochter, ob sie noch wisse, wo Simon gerade sei.

Emma sah mich an. »Momo ist im Krankenhaus, wegen der schlimmen Rückenschmerzen«, antwortete sie. »Die können ihm da besser helfen, oder?«

»Ja«, sagte ich. »Und die Rückenschmerzen, die kommen von einer Krankheit, weißt du? Die heißt Krebs.«

»Das Tier? Das am Meer lebt und Scheren hat?« Wir besaßen ein Wimmelbilderbuch mit einer Strandszene, und dort krabbelten einige Krebse durch den Sand. Einer zwickte einen Mann in Badehose in den großen Zeh.

»Genau«, erwiderte ich. »Aber dieser Krebs zwickt Momo nicht in den Zeh, sondern macht mit seinen Scheren Momos Blut kaputt und zersägt die Knochen. Darum tut Momo der Rücken so doll weh.«

Emma bekam große Augen. »Und im Krankenhaus helfen sie Momo?«

Es war schwer, unserer Tochter in die strahlend blauen Augen zu sehen, als ich antwortete: »Ja. Die Ärzte können die Krabbe zwar nicht vertreiben, weil sie tief in Momos

Knochen hockt, aber sie geben ihm Medizin, die die Krabbe müde macht. Weißt du, die Medizin ist wie kleine Ritter, die mit ihren Schwertern in Momos Blut gegen die Krabbe kämpfen. Und weil das alles ganz schön anstrengend ist, kann es sein, dass Momo danach müde ist und nicht so viel toben kann. Und wenn es besonders anstrengend für die Ritter wird, kann es auch sein, dass Momos Haare ausfallen. Das zeigt, dass die Ritter einen guten Job machen.«

Emma sah mich mit ihrem Puppengesicht an, holte ihren Arztkoffer und packte eine kleine Dose aus. Sie schraubte den Deckel ab, fischte aus ihrer Hosentasche ein Röhrchen mit ihrem Geheimvorrat an Glitzer heraus und entkorkte es. Gewissenhaft schüttete sie etwas davon in das Döschen, hielt inne und schütte dann noch mehr. Der Geheimvorrat war nun fast leer. Anschließend verschraubte sie das Döschen und reichte es mir.

»Das ist Zaubermedizin, die musst du mit zu Momo nehmen. Das macht die Ritter stark, dann können sie besser helfen.«

Ich streichelte unserer Tochter durch die Haare und war so unendlich gerührt. Ich sprach noch mal von den Rittern und davon, dass Simon, wenn er nach Hause käme, selbst eine Art Ritterrüstung tragen müsse. Das solle ihm helfen, die Krabbe aus den Knochen zu vertreiben. Emma fand die Idee, dass wir dann unseren eigenen Ritter hätten, ganz großartig und fragte dann, ob die Krabbe einen Namen habe. Wir überlegten zusammen und entschieden uns für Kunibert. So hieß ein gemeiner Drache aus einer ihrer Kindergeschichten, dessen lange Krallen Emma an die Scheren einer Krabbe erinnerten.

»Ich kann Kunibert nicht leiden, Mama«, sagte sie. »Es ist doof, dass er für immer bei uns sein muss. Das will ich gar nicht.«

»Ich will das auch nicht, mein Schatz.«

»Mama?« Emma kuschelte sich an mich. »Muss Momo jetzt sterben und zu Gott ziehen?«

Ich weiß noch ganz genau, wie sehr mich diese Frage schockierte. Ein vierjähriges Mädchen sollte sich darüber keine Gedanken machen. Ich wusste nicht einmal, dass sie das Wort »sterben« überhaupt bewusst kannte.

»Ich hoffe nicht«, gab ich zur Antwort. »Ich hoffe nicht. Momo ist ein starker Mensch, die Ritter in seinem Blut sind es auch. Wir hoffen einfach darauf, dass es ihm bald besser geht, okay?«

Emma war zufrieden damit und widmete sich ihren Einhörnern, die sie bis heute liebt. Manchmal wünschte ich mir, eine Fee zu sein, um in der Fantasiewelt unserer Tochter leben zu können. Dort gibt es nur Zuckerwattewolken, Bäume mit saftig-grünen Kronen, Feen mit Glitzerflügeln und viele Einhörner.

»Ab und zu kommen auch schöne, riesengroße Regenbögen«, erzählte Emma. An deren Ende stehe immer ein großer Topf mit Karamell-Eis. Traumhaft musste es dort sein.

Am Abend lasen wir eine Gute-Nacht-Geschichte, mit Einhörnern versteht sich. Die Einhornbändigerin schlief friedlich ein, und ich tat dann das, was ich die letzten Abende und Nächte bereits getan hatte: Ich informierte mich. Über Kunibert, dessen Auswirkungen und Behandlungsmöglichkeiten. Ich las von Studien, lernte schnell die wichtigsten

Fachwörter und Blutbildwerte. Oft suchte ich nach Telefonnummern, um mich weiter beraten zu lassen.

Am nächsten Morgen brachte ich unsere Tochter in den Kindergarten, um danach selbst zum Arzt zu fahren, schwanger war ich ja auch noch. Danach ging es weiter zu Simon.

# Heimkehr

Als ich auf dem Klinikgelände ankam, wartete Simon in seinem Rolli bereits unten am Eingang. Als er mich sah, legte er seine Hände auf die Armlehnen und drückte sich in die Höhe. Ich sah die Muskeln von Weitem zucken. Und dann stand er da, er stand; einfach so. Es war ein Sieg für ihn, er stand auf seinen eigenen Beinen und lächelte mich stolz und gleichzeitig so unendlich liebevoll an. Mein Held. Das Fotolächeln war zurück. Zwei Schritte kam er mir entgegen. Ich hatte schon lange nicht mehr so eine Gänsehaut wie in diesem Moment. Es war unglaublich. Es war gigantisch. Es war heldenhaft.

Wir umarmten und begrüßten uns, dann erzählte ich von dem Gespräch mit Emma und überreichte ihm die Glitzerdose. Simons Blick war ähnlich gerührt wie meiner am Vortag. Dann zeigte ich ihm die neuen Ultraschallbilder unseres Sohnes.

»Ich habe auch etwas Tolles für dich«, sagte Simon, nachdem er den kleinen Batman minutenlang angehimmelt hatte. »Die Chemo zeigt Wirkung!«

Der erste Zyklus war inzwischen fast abgeschlossen, und Kunibert wurde tatsächlich etwas müder und die Anzahl der Krebszellen hatte sich verringert. Großartige Nachrichten.

Während der nächsten Tage und Wochen pendelte ich zwischen Klinik, zu Hause, Kita und Spielplatz hin und her. Simon wurde mit der Zeit mobiler, er konnte wieder laufen und die Schmerzen ließen nach. Nach vier Wochen durfte er die Klinik verlassen. Mit Stolz in den Augen und ganz viel Mut im Herzen traten wir den Weg nach Hause an.

Emma hüpfte ihm entgegen, zeigte Simon ihre neusten Tänze, malte Bilder und sang die ganze Zeit. Sie bewunderte seine Rüstung und wollte ebenfalls eine haben. Hinten hängte sie ihm ein Tuch hinein, damit er ein Ritter mit Superheldenumhang war. Ich half ihr dabei, sich einen Gürtel um die Brust zu legen, in den sie ein zweites Tuch steckte. Beide Ritterhelden hielten ihr Holzschwert in die Luft und Emma rief: »Weg mit dir, Kunibert!«

In den nächsten zwei Wochen machte ich mit unserer Tochter viele Ausflüge, weil ich das Gefühl hatte, dass uns zu Hause die Decke auf den Kopf falle. Wir gingen in den Zoo, ins Schwimmbad und das erste Mal ins Kino. Simon schickten wir Fotos, weil er oft nicht mitkommen konnte – die Chemo hatte ihn zu sehr erschöpft.

Noch immer gab es zwei Wohnungen, doch war Simon nach der Zeit im Krankenhaus nur noch bei uns, trotz des Aufstiegs in den dritten Stock eines Altbauhauses. Manchmal fuhr er mit Freunden oder seiner Familie in seine eigene Wohnung, um ein paar wichtige Dinge zu holen. Aus einem Fach in meinem Kleiderschrank wurde eine neue Kommode, später ein neuer Kleiderschrank. In meiner Wohnung lagen plötzlich *Star-Wars*-Bücher, gesammelte Kassenzettel und Brillenputztücher. Das war schön und genau richtig so. Simons Sachen wurden immer mehr, und als seine Wohnung bereits fast leer sein musste, beschlossen wir, dass wir genauso gut komplett zusammenziehen konnten. Einen Tag später kündigte Simon seine Wohnung und wir wohnten plötzlich zusammen. Jeden Morgen wachten wir nebeneinander auf, jede Nacht schliefen wir im selben Bett. Keiner von uns wusste, warum wir das nicht schon viel früher gemacht hatten.

Morgens war ich oft die Erste, die aufstand. Ich stolperte über Simon, der noch friedlich schlummerte, regelmäßig auch über Emma, die sich an unseren Helden kuschelte, den sie inzwischen immer häufiger Papa nannte. Ich bereitete das Frühstück vor und kam auf dem Weg zur Küche immer an einem Spiegel vorbei. Jeden Morgen erschrak ich über meinen großen Bauch.

Es war inzwischen August, der zweite Chemozyklus war fast abgeschlossen. Wenn unsere Tochter in der Kita war, begleitete ich Simon zu Arztterminen und Therapien. In diesem ganzen Gewusel vergaß ich fast täglich, dass ich schwanger war. Ich hatte ein schlechtes Gewissen, weil ich die Bauchzeit von unserem Sohn so verdrängte.

Im September oder Oktober stand Simon seine Hoch-dosis-Chemo bevor, und ich fürchtete mich davor. Mir war nicht klar, ob er bei der Geburt dabei sein konnte, ob er seinen Sohn vor dem langem Klinikaufenthalt kennenlernen durfte. Ich wollte nicht schwanger sein, ich freute mich nicht auf das Baby; irgendwie schon, aber irgendwie auch nicht. Bis heute habe ich deshalb ein unheimlich schlechtes Gewissen. Leo konnte doch nichts für die Welt, in die er geboren werden sollte.

Eines Tages musste Simon erneut in die Klinik, weil er Fieber bekommen hatte. Fieber und Chemotherapie vertragen sich nicht. Wir telefonierten oft, ich besuchte ihn, wir vermissten uns, unser altes Leben und ein Leben, wie es hätte sein können. An manchen Morgen wollte ich nicht aufstehen. Dann kam Emma in mein Bett gekrochen, erinnerte mich daran, dass die Sonne trotz allem jeden Tag wieder aufging. Wir kitzelten uns wach, tranken Kakao im Bett und kleckerten selbstverständlich jedes Mal dabei. Wir schmiedeten Pläne, was wir alles tun würden, wenn es endlich Wochenende war. Emma freute sich immer mehr darauf, bald eine große Schwester zu sein und den Kinderwagen schieben zu können. Und plötzlich war das Aufstehen gar nicht mehr so schwer.

Nach einer Woche durfte Simon die Klinik verlassen. Wir machten einen Termin in einem anderen Krankenhaus aus, in dem ich Leo auf die Welt helfen wollte. Wir entschieden uns für einen geplanten Kaiserschnitt, weil wir dann den Geburtstermin so eintakten konnten, dass er in den Chemotherapieplan passte. Das erhöhte die Wahrscheinlichkeit, dass unser Held bei der Geburt dabei sein konnte. Ich wollte unbedingt, dass Simon seinen Sohn vor der geplanten Hochdosistherapie im Isolationszimmer kennenlernen durfte, denn wir konnten nicht abschätzen, wie gut er die Behandlung meistern würde, wie lange er in der Klinik bleiben musste oder ob er sich gar eine Infektion zuzog. Deshalb war es mir so wichtig, dass sich die zwei wichtigsten Männer in meinem Leben vorher kennenlernten. Außerdem sollte Simon etwas im Arm halten, das ihm zeigte, wofür es sich zu kämpfen lohnte. Da war nicht mehr nur ein Kind, sondern zwei. Unser Held sollte fühlen, dass er Unterstützung hatte, bald sogar männliche. Der Arzt konnte unseren Wunsch nachvollziehen und stimmte dem geplanten Kaiserschnitt zu. Der Termin wurde auf den 12. September 2012 gelegt.

Zwei Wochen vor der Geburt musste unser Held erneut in die Klinik: Fieber. Als es ihm besser ging, entnahmen ihm die Ärzte Stammzellen, die er sich nach der Hochdosis-Chemo selbst spenden konnte. Das war nötig, da die Chemo das ganze blutbildende System lahmlegen und das Immunsystem auf fast null setzen würde. Damit Simons Körper nach der Behandlung wieder anfangen konnte, selbstständig Blut zu produzieren, und damit auch das Immunsystem neu aktiviert würde, bedurfte es der Stammzellen.

Fünf Tage vor Leos Geburt wurde Simon aus der Klinik entlassen. Ihm ging es recht gut, sodass wir die Tage genießen konnten und guter Hoffnung waren, dass unser Held tatsächlich bei der Geburt dabei sein würde. Wir stellten die letzten Babymöbel auf, sortierten die Wäsche ein und packten den Kinderwagen aus.

Trotzdem; es war alles so surreal. Simons Haare fingen an auszufallen, zuerst veränderten sie ihre Struktur, und plötzlich lag morgens ein Büschel Haare auf dem Kissen. Unsere Tochter freute sich darüber, da sie ja wusste, dass das ein Zeichen für die gute Arbeit der Ritter im Heldenblut war. Simon beschloss, sich die Haare abzurasieren. Emma schaute ihm fast schon andächtig dabei zu und durfte helfen. Danach streichelte sie immer wieder Simons Kopf und sagte: »Das fühlt sich schön an, Papa.«

Einen Tag vor der Geburt wurde es gruselig in meinem Kopf. Morgen sollte ich das zweite Mal Mama werden; von einem entsprechenden Muttergefühl fühlte ich mich jedoch Lichtjahre entfernt. Dass Simon Krebs hatte, war inzwischen bei mir angekommen. Dass dieser Krebs unheilbar war, auch. Aber die Tatsache, dass ich irgendwann alleinerziehend mit zwei Kindern sein würde, nicht. Das konnte einfach nicht sein. Anstatt mich auf morgen zu freuen, weinte ich. Die ganze Nacht lang.

Am nächsten Morgen fuhren wir mit dem Taxi in die Klinik, diesmal war ich es, die aufgenommen wurde. Familienzimmer sei Dank musste unser Held am Abend aber nicht gehen, sondern konnte bei uns bleiben. Emma hatten wir in der Obhut ihrer Taufpatin gelassen.

Irgendwann kam ich in den Kreißsaal, bekam meine Spinalanästhesie und spürte unterhalb meines Bauchnabels nichts mehr. Ich zitterte. Ich konnte nicht aufhören. Geheult habe ich auch. Simon durfte hinzukommen und sich an das Kopfende meines Bettes setzen. Er war so nervös, fast schon niedlich. Wir schauten uns an und trotz Mundschutz konnte ich erkennen, dass er lächelte. Seine Augen leuchteten dann immer so schön, dass sich das Licht darin zu brechen schien. Das Fotolächeln.

Es dauerte nur wenige Minuten, bis ich »Herzlichen Glückwunsch« hörte. Unser Sohn schrie im ersten Moment nicht, stattdessen pinkelte er, noch nicht einmal abgenabelt, der Ärztin ins Gesicht. Erst dann schrie er, Simon durfte die Nabelschnur durchschneiden und wich ihm fortan nicht mehr von der Seite. In ein dickes Handtuch gemummelt, zeigte er mir unseren Sohn. Leo hatte dichte schwarze Haare, offene Augen und die gleiche Stupsnase wie sein Papa. Und auch wenn er noch knautschig aussah, war er bereits ein optischer Klon von Simon. Unglaublich.

Kurze Zeit später lag Leo in meinem Arm. Und ich fragte mich die ganze Zeit, wo dieses Baby so plötzlich hergekommen war. Mein Hirn wusste natürlich, dass ich bis vor zehn Minuten noch schwanger gewesen war, dass ich das kleine Wesen dort gerade geboren hatte. Mein Bauch jedoch wunderte sich, woher es mit einem Mal aufgetaucht war. Ich guckte unseren Sohn an und konnte mir absolut nicht vor-stellen, dass dieses Baby unseres war. Bis heute tut mir es unheimlich leid, dass ich Leo in den ersten Wochen nicht das geben konnte, was er hätte bekommen sollen.

Am Tag nach der Geburt ging es Simon plötzlich schlecht. Schüttelfrost, Übelkeit und Kopfschmerzen. Er musste selbst in die Klinik und hatte ein schrecklich schlech-tes Gewissen. Ich redete es ihm aus und verwies darauf, dass ich gut betreut werde und nicht allein sei. Mit hängenden Schultern verließ unser Held das Familienzimmer, um in eine andere Klinik zu fahren.

Leo und ich verließen »unser« Krankenhaus am dritten Tag nach der Geburt. Auf dem Weg nach Hause machten wir einen Zwischenstopp bei Simon. Unter meiner Jacke schmuggelte ich unseren Sohn auf die onkologische Station. Wegen der Infektionsgefahr sind Kinder im Isolierbereich, in dem Simon lag, eigentlich nicht erlaubt, aber eine liebens-werte Krankenschwester drückte beide Augen zu und gestat-te uns fünf Minuten. Danke dir, du gute Seele!

Simon hielt seinen Sohn auf dem Arm. Und da war es wieder: Die müden Augen wurden größer und leuchteten so schön. Damit mein Held auch weiterhin sein Papaglück genießen konnte, schickte ich ihm unzählige Fotos auf sein Handy und rief ihn an, wenn Leo brüllte. So hörte Simon sowohl das Babyschreien als auch die Geräusche, die unser Sohn im Anschluss beim Trinken machte. Mehr Nähe im Wochenbett ging nicht, aber es war besser als nichts und gab Simon positive Energie.

Wir anderen verbrachten die ersten drei Wochen zu Hau-se. Die Einhornbändigerin war eine stolze, große Schwester, die überall mit ihrem Bruder angab. Beide Kinder schliefen in meinem Bett, ich meistens auf der Kante. Wenn ich Simon besuchen wollte, kam jedes Mal irgendjemand mit, der Leo übers Klinikgelände schob, während ich beim Helden im Zimmer saß. Wenn Leo Hunger bekam, stillte ich ihn. Ich versorgte unseren Sohn, wusch ihn und wiegte ihn in den Schlaf. Manche Nächte verbrachten wir zu zweit auf dem beigefarbenen Ledersofa, weil er Bauchweh hatte und nicht schlafen konnte. Ich kümmerte mich, zu mehr aber fühlte ich mich nicht in der Lage.

Eines Morgens wachte ich auf. Rechts neben mir sah ich einen Fuß mit der Schuhgröße 28. Links neben mir gluckste ein Baby, welches plötzlich eine Gefühlswelle in mir auslöste, mit der ich so nicht gerechnet hatte. Ich sah Leo an, ganz lange. Irgendwann bewegte sich der Fuß auf der anderen Seite und Emma kroch unter der Decker hervor und kuschelte sich erst an mich, dann an ihren Bruder. Ich beobachtete die beiden Kinder und verspürte mit einem Mal ein Gefühl der absoluten Dankbarkeit. Dankbarkeit für zwei wunderschöne Kinder. Dankbarkeit, weil ich ihre Mama sein durfte. Mir wurde warm, mein Bauch kribbelte. Es war ein angenehmes Kribbeln, ein verliebtes. Die Sonne schien in unser Schlafzimmer, und mir wurde bewusst, dass ich mich soeben in unseren Sohn verliebt hatte. Endlich.

Rückblickend weiß ich, dass ich vermutlich gemeine Wochenbettdepressionen hatte, es jedoch nicht ernst genommen habe. Ich bin so dankbar, dass es diesen magischen Morgen gegeben hat. Ein Morgen, an dem ich plötzlich wieder ich selbst war.

# Die kleinen Dinge

Unser Sohn, der kleine Batman, wurde in ein Leben geboren, dass ungünstiger kaum hätte sein können. Ich versuchte, die Sichtweise unserer Tochter anzunehmen, die trotz der Situation jeden Tag über Kleinigkeiten strahlte. Zum Frühstück freute sie sich über das Knuspergeräusch, wenn sie in das Brötchen biss. Später spielte sie mit ihrem Bruder und freute sich darüber, dass er ihre Schnuffelpuppe zu mögen schien. Als sich ein Schmetterling in unsere Wohnung verirrte und sich auf den Esstisch setzte, war Emma begeistert, dass sie ihn von allen Seiten betrachten konnte, ohne dass er davonflog. Das tapfere Mädchen zeigte mir, was wirklich zählt. Sie und Leo ließen mich spüren, wie schön alles noch war, obwohl der Mann, den ich liebte, mit einer beschissenen Erkrankung im Krankenhaus lag und um sein Leben kämpfte.

Unsere Tochter erzählte, dass sie sich auf Simon freue, auf eine Zeit, in der er wieder zu Hause sei. Und sie hatte so recht damit. Mein Blick nach vorn war beschränkt und von Ängsten gesteuert, und ich bremste mich selbst damit aus. Ich drückte Emma an mich und nahm mir vor, mich ebenfalls auf die schönen Dinge zu konzentrieren, mich daran zu erinnern, wie schön Freude war.

Als ich Simon am nächsten Tag in der Klinik besuchte, erzählte ich ihm von meinem magischen Mittwoch, wie schön dieser Tag gewesen sei und dass ich mich gerade etwas leichter fühle. Natürlich machte ich mir weiterhin Sorgen, aber der Blick auf andere Dinge kam zurück. Ich erzählte

Simon von der Brötchenkruste und vom Schmetterling. Ich zeigte ihm Fotos der Kinder, wir lächelten. Der Raum um uns wurde plötzlich hell und warm. Unsere Kinder hatten uns an das Wesentliche erinnert. Sie lehrten uns, achtsam zu sein und Schritt für Schritt zu denken. Wenn wir mit den Gedanken weiter so rasten wie bisher, dann übersähen wir so vieles.

Wenige Tage später durfte Simon nach Hause kommen. Wir schliefen wieder in einem Bett zusammen. Unser Kühlschrank war voll und das Dach über unserem Kopf heil. Damit hatten wir mehr als viele andere Menschen auf dieser Welt. Zusammen organisierten wir unseren Alltag neu, die Aufgaben wurden anders verteilt. Unser Leben hatte sich verändert, es war anders als noch vor wenigen Monaten. In vielen Dingen war es jedoch nicht schlechter. Im Gegenteil. Achtsamkeit wurde unser neuer Begleiter. In den nächsten zwei Wochen verbrachten wir so viel Familienzeit zusammen, wie es nur irgendwie ging. DVD-Abende, Vorlesetage, wir bauten ein kleines Zelt im Wohnzimmer auf und übernachteten alle darin. Wir suchten einen Schatz und picknickten auf dem Küchenboden. Wir gingen in den Park und nahmen ein kleines Planschbecken mit. Leo trug ich im Tragetuch, im Kinderwagen transportierten wir einige Liter Wasser, um das Becken füllen zu können. Wir verbrachten viele Nachmittage im Park. Emma fühlte sich wie im Urlaub, saß mit einem Glas Limo im Wasser und trank aus einem Strohhalm. Sie meinte, dass es fast wie am Meer sei.

Im Oktober zog unser Held erneut in die Klinik, diesmal zur Hochdosis-Chemotherapie. Wir hatten beide großen

Respekt davor, waren gleichzeitig jedoch überzeugt davon, dass alles gut gehen würde.

»In drei Wochen bin ich wieder zu Hause«, sagte Simon zum Abschied zu Emma. »Pass mir so lange bitte gut auf die Mama auf!«

»Mach ich«, erwiderte Emma, während sie ihren Momo umarmte. »Und auf Leo auch. Und die Ritter in deinem Blut, die passen auf dich auf.«

Die Zeit der Isolation schien endlos lang, Simon aber blieb mutig und unendlich tapfer. Eine Infektion, vor der wir uns so sehr gefürchtet hatten, trat nicht ein und insgesamt verlief alles viel besser als erwartet.

Als Simons Immunsystem gegen null heruntergefahren war, bekam unser Held seine eigenen Stammzellen zurück, und die kleinen Helferchen brauchten nicht lang, bis sie ihre Arbeit wiederaufnahmen. Nur einmal wurde es nötig, Simon mit einer Blutkonserve zu unterstützen.

Ich brachte ihm jeden Tag Dinge mit, die ihn an zu Hause erinnern sollten. Ich wollte meinem Helden immer wieder zeigen, dass sich die ganze Prozedur lohnte. Ich bastelte ihm ein Fotobuch und brachte ihm Kleidung der Kinder mit. Wir machten Pläne und beschlossen, so schnell wie möglich umzuziehen, da meine Wohnung schlichtweg zu klein für uns vier war. Noch immer schwirrte in unseren Köpfen der Gedanke herum, dass Simon schon in wenigen Jahren nicht mehr da sein konnte. Und wir wussten, dass er immer wieder für Wochen ins Krankenhaus würde ziehen müssen. Worauf also warten? Die Zukunft kommt sowieso von ganz allein, aber wie sie aussehen wird, das konnten wir zumindest mitbestimmen. Wir hatten angefangen, die Diagnose

»Kunibert« zu akzeptieren. Er würde uns für immer begleiten, ob wir wollten oder nicht. Er würde nicht wieder gehen. Die Prognose jedoch, die wollten wir nicht hinnehmen. Simon war jung, er war zuvor nie krank gewesen und abgesehen vom Multiplen Myelom in einer guten Gesamtverfassung. Und er hatte seinen Lebensmut und Optimismus wiedergefunden. Gemeinsam würden wir es schaffen und noch viele Jahre zusammen verbringen!

Das war das, was ich sagte, wenn ich mit Mundschutz an seinem Bett saß und seine Hand hielt. In mir drin sah es etwas anders aus. Die letzten Monate waren steinig und wirklich anstrengend gewesen, und ich wusste nicht, ob ich noch einmal in der Lage sein würde, das alles auszuhalten. Nicht nur einmal dachte ich, dass Simon die Prozedur nicht überleben, dass er sterben würde. Aber dann sah ich meinen Helden, wie das Lächeln in seinem Gesicht zurückkehrte, wie er Pläne für die Zukunft schmiedete. Das gab mir Mut.

Simon hielt Wort und kehrte nach nur drei Wochen nach Hause zurück. Wir bastelten einen Adventskalender für Emma und besorgten eine rote Zipfelmütze für Leo. Wir gingen auf Weihnachtsmärkte und feierten schlussendlich Weihnachten zusammen. Mit zwei Kindern, mit Simons Familie und vor allem mit Simon selbst. Noch vor sechs Monaten hatte ich befürchtet, ohne ihn unter dem Weihnachtsbaum sitzen zu müssen. Aber mein Held war da, wir küssten uns, und ich war so dankbar. Am Abend machten wir einen Spaziergang, blieben vor einem Feld stehen und guckten uns an. In diesem Moment wusste ich, dass ich am liebsten die nächsten Jahre einfach nur hier stehen wollte, mit Simon an meiner Seite.

Alles war glatt und rutschig, und wir taten ein paar vorsichtige Schritte auf das vereiste Feld. Wir schwiegen und atmeten die eiskalte Winterluft ein. Auf einer kleinen Erhöhung blieben wir stehen, ich stolperte, er fing mich auf. Wir standen dort, guckten in den Himmel und plötzlich schrie Simon: »Danke!« Er starrte hinauf und brüllte: »Danke, dass ich noch nicht kommen durfte.«

Ich rief »gut gemacht!« hinterher. Wir lachten, dann weinten wir, um danach wieder zu lachen. Das echte Leben hatte uns zurück, wir hatten keinen Plan B und brauchten ihn auch nicht. Glaubten wir.

Inzwischen hatten wir das Projekt »Zusammenziehen« in Angriff genommen und am Stadtrand eine schnuckelige Doppelhaushälfte zur Miete gefunden, ringsherum viel Grün, saubere Luft, noch mehr Grün und unzählige Felder. Perfekt für die Kinder, perfekt für uns. Der Weg in die Klinik war von dort aus etwas weiter, aber durchaus machbar. Am 27. Dezember 2012 unterschrieben wir den Mietvertrag, am 28. packten wir die wichtigsten Sachen zusammen und am 30. Dezember, Simons 32. Geburtstag, zogen wir mit den ersten Dingen ein.

Die Heldenkinder und ich gingen jeden Tag auf die Felder hinaus. Emma blühte auf, Leo, der ein zappeliger kleiner Junge war, wurde ruhiger. Der viele Platz, keine Hochhäuser, weniger Menschen – wir hatten unser Paradies gefunden. Wir machten Schneeballschlachten, stapften durch Eispfützen, bis unsere Füße kalt und unsere Nasen ganz rot waren. Die Einhornbändigerin wurde selbstbewusster und klingelte an den Türen von Häusern, in deren Gärten sie Spielgeräte gesehen hatte. »Wohnt hier ein Kind?«, fragte sie. »Darf ich mit ihm spielen?«

Wir konnten wieder aufatmen und die Angst der letzten Monate vorerst hinter uns lassen. Simon genoss seine wiedergewonnene Freiheit, er fühlte sich jeden Tag ein wenig besser. Weil er sehr auf seine Bedürfnisse achtete, vergaß er manchmal, nach links oder rechts zu sehen. Auch wenn das mitunter zur Belastungsprobe wurde, gönnte ich ihm diese Zeit von ganzem Herzen. Die erste Runde Kunibert gegen Simon ging an unseren Helden, aber wir wussten, dass es zu jeder Zeit in die nächste Instanz gehen konnte – wer wollte Simon da ein wenig Egoismus verübeln?

Wir vollendeten unseren Umzug, holten die letzten Sachen aus der alten Wohnung und richteten uns endlich ein. Ich kaufte das Waschmittel, nach dem Simons frühere Wohnung immer gerochen hatte. Alles war perfekt. Nach zwei Monaten ging unser Held wieder stundenweise arbeiten, zwei weitere Monate später Vollzeit. Seine Haare waren nachgewachsen und konnten endlich wieder mit Haarwachs versorgt werden. Das Schnarchen neben mir im Bett war zurück, es war vertraut, wurde mit der Zeit allerdings auch wieder anstrengend. Im Sommer kam Leo in die Kita, sodass auch ich zu meiner Arbeit zurückkehrte. Emma wurde eingeschult und war wahnsinnig stolz auf ihren Einhorn-Schulranzen. Zahnpastatuben blieben offen, Schuhe lagen überall verteilt, und wir diskutierten, wer von uns chaotischer sei. Hallo Alltag, wir lieben dich.

Anfangs musste Simon alle vier Wochen zur Blutkontrolle, später alle drei Monate. Die Werte blieben stabil,

Kunibert war da, zeigte sich aber kaum. Unser Held hatte keine Symptome. Wir wogen uns in Sicherheit, und Simons Bruder meinte einmal, dass Kunibert vielleicht ja doch nicht zurückkäme. Manchmal hatte ich das Gefühl, dass unser Held das ebenfalls glaubte. Wir sprachen selten über die Krabbe.

Trotzdem gab es sie immer wieder – Momente der Angst. Als Myelompatient gab es anscheinend die Regel: »Egal, was an deinem Körper krank ist, es muss das Multiple Myelom sein.« 2014 musste sich Simon einer Nasen-OP unterziehen, weil er ständig eine Nebenhöhlenentzündung bekam. Ein Röntgenbild hatte ein Gebilde in der Nase gezeigt, das nach Meinung des HNO-Arztes nur das Myelom sein konnte. Wenig später stellte sich heraus, dass es harmlos war. Nach der Entwarnung lagen wir uns erleichtert in den Armen.

Wir fuhren in den Urlaub an die Ostsee, feierten Geburtstage und Silvester. Leo lernte laufen und Dreirad fahren. Emma lernte lesen und rechnen. Wir fuhren mit den Kindern Schlitten im Winter und zum See im Sommer. Ein Hund zog ein, wenig später der zweite. Im Garten standen ein Vogelhäuschen, eine Rutsche und ein Trampolin. Wir waren zu Spießern geworden, und es fühlte sich grandios an, normal und alltäglich. Kaum einer der Nachbarn wusste von Kunibert, es war Simon nicht anzumerken. Wir waren so normal wie alle anderen.

Das Gefühl der Sicherheit wurde immer stärker. Und dadurch gefährlicher.

# Das Erwachen

Im September 2016 feierte unser Sohn seinen vierten Geburtstag. Kunibert hatte sich nicht blicken lassen. Bis unser Held erneut Rücken- und Beckenschmerzen bekam. Eigentlich wussten wir, was das hieß. Der Orthopäde jedoch meinte, dass es nur Verspannungen seien, und verordnete Simon Physiotherapie. Wir nahmen das dankbar hin, denn an Kunibert wollten wir einfach nicht denken. Die Krabbe hatten wir ganz weit weggeschoben ...

Dennoch ... In meinem Bauch grummelte es, so sehr wie vor vier Jahren schon einmal. Erneut zogen starke Schmerzmittel in unser Haus ein. Unser Held wurde schwächer und die Schmerzen schlimmer. Noch immer sprachen wir nicht über Kunibert. Ich fürchtete mich und war mir sicher, dass es unserem Helden ähnlich erging. Was würde sein, wenn das Myelom zurückgekommen war?

Die letzten vier Jahre waren an uns vorbeigeflogen und wir hatten Kuniberts Dasein erfolgreich verdrängt. Nur die regelmäßigen Arzttermine erinnerten uns hin und wieder daran. Bislang jedoch war immer alles gut gewesen, die Blutwerte stimmten. Ich konnte mir einfach nicht vorstellen, dass Kunibert innerhalb weniger Wochen so schnell gewachsen war, dass er nun bereits Symptome verursachte. Das konnte einfach nicht sein.

Der kleine Leo übte derweil fleißig Fahrrad fahren, er wollte es unbedingt schaffen. Aber ohne seine Stützräder traute er sich nicht. Er wollte es zusammen mit Simon üben.

Der jedoch konnte durch die erneuten Schmerzen nicht so handeln, wie er es gern getan hätte.

»Papa soll aber!«, beharrte Leo. »Ich warte, bis er wieder stark ist.«

Die Tage wurden kälter, die Blätter fielen von den Bäumen. An manchen Morgen war der Wind so kalt, dass ich mir mein Halstuch bis ins Gesicht zog. Simon konnte inzwischen nicht mehr arbeiten. Eines Tages wollten wir im Supermarkt einkaufen. Simon parkte den Wagen, ich öffnete die Tür und stieg aus. Aus den Augenwinkeln konnte ich sehen, dass unser Held Probleme beim Aussteigen hatte, er schien nicht von seinem Sitz hochzukommen. Schließlich gelang es ihm, aber als er stand, musste er sich am Auto abstützen. Sein ganzer Körper zuckte. Ich dachte sofort an 2012, den Tag, an dem seine Wirbel wie durch einen Blitzeinschlag einfach gebrochen waren.

Simon zuckte erneut und ging in die Knie, wortlos, dafür laut stöhnend. Verdammt. Mein Herz blieb kurz stehen, ich lief ums Auto, um ihm aufzuhelfen. Simon kniff seine Augen zusammen, biss sich auf die Lippe und meinte: »Geht schon.«

Gar nichts ging, rein gar nichts. Dieser Anblick, diese verkniffenen Augen zeigten uns ganz genau, was gerade passierte. Wir brauchten keinen Arzt, der uns sagte, was das eben gewesen war. Wir sahen uns in die Augen, umarmten uns und wussten, dass Kunibert zurück war. Da hockten wir nun, auf dem Parkplatz vom Supermarkt, an das Auto gelehnt und heulten. Die Menschen um uns herum warfen uns merkwürdige Blicke zu. Aber das war egal, es war alles egal. Kunibert war zurück, und wir ahnten, was in den nächsten

Monaten auf uns zukommen würde. Noch bevor wir die Bestätigung durch die Ärzte hatten, überlegten wir, was, wie und wann wir mit den Kindern reden sollten.

Unserem Sohn Leo mussten in einer Operation die Mandeln entfernt werden. Am Tag nach der OP hatte unser Held dann seinen Termin bei der Onkologin. Und auch wenn wir bereits wussten, dass Kunibert zurück war, traf uns das Ergebnis des Bluttests wie ein Schlag ins Gesicht. Simon rief mich von der Klinik aus an und brach in Tränen aus. Ich stockte, mein Atem stockte. Mit beiden Händen umklammerte ich das Telefon, als wäre es ein Rettungsanker, der mich aus dieser elendigen Situation befreien konnte. Unser Held weinte bitterliche Tränen und meinte, dass sich der entsprechende Blutwert in den letzten vier Wochen mehr als verfünffacht hatte. Kunibert war tatsächlich zurück und das so viel mächtiger als beim ersten Mal. Die Chemoritter würden nun extra stark sein müssen, es mussten extra viele sein und besonders mutige sowieso.

Abends kam Simon zu Leo und mir ins Krankenhaus, Emma war bei Papa-Eins. Unser Held betrat schweigend das Zimmer und umarmte mich. Er streichelte mir meine Haare aus dem Gesicht und weinte. Wir setzten uns an den Tisch in Leos Krankenzimmer, und ich versuchte zuzuhören und dabei die Fassung zu wahren. Mein Held erzählte von Blutwerten, von Kunibert und davon, dass die erste Chemotherapie noch vor Weihnachten beginnen sollte. Er nahm meine Hände und sagte: »Ich kann damit leben, falls du das nicht noch mal so mitmachst wie beim letzten Mal. Wenn du mich nicht so oft oder gar nicht besuchst. Das ist okay. Aber ...«

Er senkte den Blick. »Ich ... ich verkrafte es nicht, wenn du mich verlässt.«

Dieser Satz, diese Angst erschütterte mich. Ich schlang meine Arme um ihn und flüsterte: »Ich verlasse dich nicht, mein Schatz. Nicht jetzt, nicht morgen und übermorgen auch nicht.«

Vier Jahre zuvor war ich mir sicher gewesen, diesen Weg nicht noch einmal gehen zu können, dass ich es nicht schaffen würde, zwischen Arbeit, Kita und Krankenhaus zu pendeln, den Haushalt zu stemmen, eine gute Mutter zu sein und hilflos mitansehen zu müssen, wie mein Held kämpfte und litt. Nun war es so weit. Und ich wusste, dass ich den Weg erneut mitgehen würde. Es war Simon, der da neben mir saß, ich liebte ihn, und daran änderte auch Kunibert nichts. Wir hatten es schon einmal geschafft, also würde es uns auch ein zweites Mal gelingen.

Ich glaube nicht an Gott, aber ich glaube an das Schicksal und daran, dass es einem nur so viel zumutet, wie man in der Lage ist zu ertragen. Ich bin der Überzeugung, dass jeder Mensch dieser Welt sein Päckchen zu tragen hat. Keines davon ist größer oder kleiner. Alle sind gleich schwer. Für jeden ist sein Päckchen besonders schwer zu tragen. Die Kinder und ich – wir würden Simons Päckchen mittragen, in der Hoffnung, dass es dadurch etwas leichter würde. Nicht, weil ich ein toller Mensch bin, sondern weil Simon einer ist!

Ich hatte Angst, bezweifelte aber nicht, dass wir es erneut schaffen würden, Kunibert den Mittelfinger zu zeigen.

Einige Tage später stand der nächste große Onkologentermin an. Dieses Mal begleitete ich unseren Helden in die

Klinik. Dort saßen wir, im selben Arztzimmer auf derselben Station, auf denselben furchtbaren Stühlen. Nur die Ärzte waren andere, aber es waren wieder drei, und einer reichte uns erneut und ungefragt ein Glas Wasser. Ich glaube ja, dass das nicht einer Dehydrierung vorbeugen sollte, sondern eher zum Festhalten diente. Wie ein Rettungsgriff.

Der Behandlungsplan wurde besprochen. Vier Zyklen Chemotherapie und dann eine Tandemtransplantation. Das bedeutete eine Hochdosis-Chemo, Isozimmer und die Rückgabe der eigenen Stammzellen, so wie vor vier Jahren. Etwa drei Monate später sollte eine weitere Hochdosis-Chemo folgen und schließlich eine Transplantation mit fremden Stammzellen, die über eine zentrale Datenbank gefunden werden sollten. In diesem Zusammenhang fragte ich den Arzt, ob er denn wisse, ob es einen potenziellen Spender gebe.

»Das kann ich noch nicht sagen«, meinte der Mediziner. »Zunächst müssen Sie den Spendersuchlauf unterschreiben.« Er nickte Simon zu.

Wir waren guter Dinge. Zwar wussten wir aus den Medien, dass es manchmal schwierig war, einen geeigneten Spender zu finden. In den meisten Fällen jedoch klappte es dann doch. Die Chemozyklen vorher machten uns keine Angst, es sollte das gleiche Medikament sein, das Simon vom letzten Mal schon kannte und das er so gut vertragen hatte.

Die Menschen in Weiß redeten von neuen Therapieansätzen, von der Forschung und sprachen uns Mut zu. Übermorgen sollte eine Beckenkammstanze gemacht werden, eine Probe aus dem Knochenmark entnommen. Ein CT war geplant, weitere Blutuntersuchungen ebenso. Die Ärzte machten uns Hoffnung, dass uns eine fremde Stammzell-spende mehr Zeit, lebbare Zeit verschaffen konnte. Sie sagten aber auch, dass ohne diese Spende die Wahrscheinlichkeit recht groß sei, keine weiteren vier Jahre ohne Symptome zu erleben.

Als wir die Klinik verließen, hatten wir Respekt und uns war wieder flau im Bauch. Die Angst fühlte sich jedoch anders an als beim ersten Mal. Wir vertrauten auf die Medizin, auf uns und darauf, dass Simon es erneut »rocken« würde. Trotzdem hörten wir die Uhr im Hintergrund ticken.

# Kunibert, du kannst uns mal

Zu Hause angekommen, wurden wir von zwei gut gelaunten Heldenkindern begrüßt, die uns stolz ihre selbst gebackenen Plätzchen zeigten. Herzen, Einhörner, Batman-Logos, Glocken und Sterne. Alle hatten eine dicke Schicht Zuckerguss obendrauf mit extra vielen Streuseln. Wir legten spontan einen DVD-Nachmittag ein mit dem Lieblingsfilm der Kinder über eine Hexe und ihre beste Freundin. Es gab Popcorn und Muffins. Wir krümelten das Sofa voll, die Hunde bettelten, das eine oder andere Wasserglas kippte um. Es war laut, es war bunt, es war unendlich lebendig. Simon und ich sogen diese Lebendigkeit förmlich auf, weil es genau das war, was wir sein wollten.

Am Abend sprachen wir über die nächsten Tage. Wir freuten uns auf Weihnachten, auf die Zeit mit den Kindern. Wir redeten über die letzten vier Jahre und ärgerten uns darüber, dass wir zugelassen hatten, wie der Alltag uns wieder einmal aufgefressen hatte. Wir hatten uns doch geschworen, achtsamer zu sein!

Um uns gegenseitig Mut zuzusprechen, redeten wir über Dinge, die wir unbedingt zusammen erleben wollten und schrieben eine Bucket List, um diese Gedanken nicht zu vergessen. Kunibert war wieder da, mächtig groß und angsteinflößend. Dieses Mal jedoch wollten wir uns nicht so sehr von ihm bestimmen lassen. »Kunibert, du kannst uns mal!« hieß unser neues Lebensmotto.

Zusätzlich zu den Rückenschmerzen hatte unser Held eine Beule im Brustkorb und eine am Schädel. Was das war,

war uns nur allzu bewusst. Trotzdem musste Simon zunächst nicht in die Klinik, der CT-Termin sollte zeigen, was in seinem Körper vorging. Das Bild offenbarte schließlich, dass die Tumormasse am Schädel und im Brustraum stark begrenzt war und dank der Chemo wieder schrumpfen konnte. Weiterhin waren zwei Rippen gebrochen und das Becken hatte neue Läsionen. Wenigstens der Wirbelsäule ging es gut. Die Probe des Knochenmarks ergab eine Infiltration von circa 75 Prozent, was bedeutete, dass 75 Prozent des blutbildenden Systems aus Kunibert bestand.

Das war scheiße, damit hatten wir nicht gerechnet. Das war richtig scheiße und viel schlimmer, als wir befürchtet hatten. Vor vier Jahren hatte es geheißen, dass Simons Zustand sehr kritisch gewesen war, eine Infiltration von 75 Prozent hatte er damals jedoch nicht gehabt. Es war deutlich weniger gewesen.

Wir mussten uns kurz auf das Atmen konzentrieren. Ich sagte zum Helden: »Macht nichts, dann werden die Chemoritter dieses Mal eben besonders gute Arbeit leisten müssen. Du kümmerst dich um Kunibert, ich mich um den Rest – Deal?«

Simon reagierte nicht, sondern starrte schweigend auf seine Hände hinab. Ich erinnerte ihn an unsere Bucket List und daran, dass wir mit den Kindern ins Disneyland wollten, dass wir vorhatten, im Sommer so viel Eis zu essen, wie wir es noch nie zuvor getan hatten. Ich erinnerte ihn auch daran, dass ich ihn liebte, dass die Kinder ihn liebten und dass er diesen Weg nicht allein gehen musste. Schließlich nickte er und fragte leise: »Kunibert, du kannst uns mal?«

»Worauf du dich verlassen kannst!«

Wir verließen das Arztzimmer, gingen zum Kiosk um die Ecke, kauften eine Cola und setzten uns auf die vereiste Bank an der Straßenecke. Wir stießen an auf das Leben. Denn das Leben war schön, trotz allem war es schön.

Es fing an zu schneien, so früh im Dezember hatte es das lange nicht mehr gegeben. Meine Finger waren bereits blau gefroren, so kalt war es. Unser Held lächelte, denn eigentlich ist mir immer kalt. Er drehte sich zu mir, nahm meine Hände in seine, pustete sie warm und versteckte sie zusammen mit seinen in der Jackentasche. Er vermied es, mich anzusehen, vermutlich, weil er mir nicht zeigen wollte, wie viel Angst er hatte.

Mein Held starrte den Boden an und sagte plötzlich: »Und dabei wollte ich euch immer beschützen.« Eine Träne rollte seine Nase entlang, fast schon beiläufig wischte er sie weg.

»Du beschützt mich doch.« Ich nahm meine Hände aus seiner Tasche und legte sie an seine Wangen. »Siehst du, sie sind wieder warm.« Ich redete von unseren Kindern und welch großartige kleine Menschen sie geworden waren. Beide waren sehr naturverbunden und unheimlich soziale Wesen. Emma brachte regelmäßig kranke Tiere mit nach Hause; Hummeln, die nicht mehr fliegen konnten, verletzte Mäuse, Eichhörnchenbabys, Vögel, Schmetterlinge, und ein Hund war auch schon dabei.

Unser Sohn zeigte autistische Züge und hatte manchmal Probleme mit der hektischen Welt. Trotzdem hatte er immer ein Auge auf schwächere und kleinere Kinder. Leo liebte Babys und ging sehr, sehr liebevoll mit ihnen um. Er war nie grob, sondern wahnsinnig empathisch.

Das alles waren Bausteine und Charakterzüge, die den Heldenkindern ihr späteres Leben erleichtern konnten, und ich war mir ganz sicher, dass sie zu großartigen Erwachsenen heranwuchsen.

»Wir beschützen uns gegenseitig«, sagte ich. »Du, ich und unsere Kinder.«

Ein Lächeln huschte über Simons Gesicht.

Weihnachten rückte näher, und zu meiner Verwunderung war es so friedlich in unserem Haus wie noch kein Jahr zuvor. Unser Held startete mit der ersten Chemotherapie und vertrug sie wie erwartet gut. Etwas Übelkeit, Kribbeln in den Füßen und starke Erschöpfung – mehr nicht. Die Schmerzen waren dank Schmerzmittel auszuhalten, sodass sich Simon wieder gut bewegen konnte.

Unsere Vorbereitungen für den 24. liefen auf Hochtouren. Wir planten den Ablauf des Tages, was es zu essen geben sollte und wie wir die Tage danach verbringen würden. Normalerweise artete Weihnachten immer irgendwann in Stress aus, weil irgendein Geschenk fehlte und wir zwischen den Feiertagen irgendwo eingeladen waren, wohin wir natürlich ebenfalls stets etwas mitbringen wollten. Zu diesem Zweck bastelten die Kinder immer im Akkord Geschenke für Familie und Freunde. Streit war vorprogrammiert, nicht nur zwischen dem Minihelden und der Einhornbändigerin.

Dieses Jahr aber war es anders. Es herrschte so viel Ruhe und Frieden bei uns, dass es schon fast gruselig war. Einige Tage vor Heiligabend stellten wir unseren Baum auf, einen künstlichen. Keimbelastung und angeschlagenes Immunsystem und so. Uns störte das nicht, die Kinder auch nicht. An den Baum kam alles, was gefiel, also jede Menge Pink und Glitzer, Engel und Zuckerstangen. Hauptsache bunt sollte er sein. Die Spitze bestückte unsere Tochter mit einer riesigen Zacke, die sie vorher aus roter Folie gebastelt hatte. Leo knotete Wollreste zu kleinen Kringeln zusammen – sie durften am Baum ebenfalls nicht fehlen.

Wir waren viel draußen unterwegs, um uns die vielen bunten Lichter in der Nachbarschaft anzusehen. Wir backten jede Menge Plätzchen mit Zentnern an Streuseln obendrauf. Und Zimtschnecken, die fast noch besser waren. Wir verabredeten uns kaum, entschieden lieber spontan, ob und zu wem wir wollten.

Dieses Weihnachten entschleunigten wir unser Leben und ließen Dinge weg, die wir sonst hauptsächlich deshalb getan hatten, weil »man es eben so macht«. Wir planten nicht, wir lebten, und das ziemlich gut. Es ging uns blendend. Unser Held schlief viel, die Kinder kuschelten sich oft dazu und ich las ihnen vor oder wir sahen uns einen Film an.

An Heiligabend gab es die Geschenke für die Kinder nicht erst am späten Abend, sondern bereits mittags. So waren beide nicht unruhig, sondern freudig entspannt. Wir bauten Lego auf und testeten die anderen neuen Dinge. Emma bekam einen Bogen und Pfeile dazu. Bei Minusgraden gingen wir aufs Feld, um das Geschenk auszuprobieren.

Am Abend gab es Pizza, weil wir Kartoffelsalat nicht mögen. Es war so richtig, richtig schön. Es war ein Tag, den wir nicht vergessen werden. Wir nahmen viel mehr Dinge wahr, die sonst untergangen waren. Der Geruch vom warmen Kakao im Haus, das Knuspern, wenn jemand in einen Keks biss. Das Klirren der Terrassentür, weil es draußen fror. Das Knarren vom Laminat, wenn die Kinder in Socken darauf »Schlittschuh« liefen. Die Textsicherheit bei

Weihnachtsliedern. Simon und ich nahmen uns häufig in den Arm und sagten uns, dass wir uns liebten.

Den ersten Weihnachtstag verbrachten wir bei Simons Bruder. Seine Mutter, sein Vater und seine Oma kamen ebenfalls. Wieder nahm ich die Atmosphäre anders wahr als sonst. Jeden Moment, jede Sekunde sogen wir auf. Wir taten so, als wäre heute unser letzter Tag auf Erden. Wir wollten alles mitnehmen, was ging, alles fühlen, das Leben spüren. Der Gedanke, dass dies unser letztes gemeinsames Weihnachten sein könnte, war da. Er überflutete uns aber nicht, unsere offenen Augen zeigten uns stattdessen, was wir jetzt hatten, was jetzt da war. Und das war eine Menge. Kunibert war in diesen Tagen kein Thema, und wir genossen einfach nur die Zeit.

Am 30. Dezember feierte Simon seinen 36. Geburtstag. Am Vorabend schmückten die Heldenkinder und ich unser Haus. *Star-Wars*-Girlanden, Kerzen und viele kleine Geschenke. Unser Held freute sich, vor allem über die gebastelten Kunstwerke unserer Kinder. Als besonderes Geschenk bekam er eine Torte, die wie ein *Star-Wars*-Raumschiff aussah. Am Nachmittag kam seine Familie zu Besuch. Abends ging Simon an seinem Geburtstag normalerweise aus, dieses Jahr verzichtete er darauf. Er fühlte sich nicht gut und wollte lieber bei uns bleiben. Ich wunderte mich, da er sonst immer gern gefeiert hatte.

»Ich kann doch nächstes Jahr wieder mit meinen Freunden feiern«, sagte er, als ich ihn darauf ansprach.

Am Abend wurde er still, das Fotolächeln, das den ganzen Tag in seinem Gesicht geleuchtet hatte, verschwand. Er putzte das Haus, wischte den Boden. Es erinnerte mich an den Kugelschreiberstrich auf meinem beigefarbenen Sofa. Was war los? Irgendwann gestand mein Held, dass es Tage gab, besonders Tage wie der heutige, an denen er das Gefühl habe, dass es das letzte Mal gewesen sein könnte. Simon befürchtete, dass sein 36. der letzte Geburtstag war.

In mir krochen oft ähnliche Gedanken nach oben. An seinem Geburtstag aber dachte ich nicht daran, und ich versuchte, ihn aufzubauen und ihm Mut zuzusprechen. Es klappte nicht. Stattdessen kam unser schwarzer Humor zum Vorschein.

»Ha, wenn es mein letzter Geburtstag war, dann holst du mich irgendwann ein und wirst älter als ich.« Simon grinste mich schief an. »Ich hingegen bleibe für immer faltenfrei.«

Auf Außenstehende mussten solche Gespräche sehr makaber wirken, im Grunde waren sie das auch. Für uns jedoch war diese Art von Humor erleichternd, besonders dann, wenn Worte fehlten. Regelmäßig lachten wir am Ende herzhaft, was Uneingeweihte meist befremdete.

# Cancer is an Asshole

Die ersten Abende im neuen Jahr verbrachte ich im Internet, wo ich mich weiter über das Multiple Myelom informierte. Ich las so einiges über diese Tandemtransplantation, die Simon bevorstand, und stieß irgendwann auf die DKMS gemeinnützige GmbH, ehemals Deutsche Knochenmarkspenderdatei, die es sich zum Ziel gesetzt hat, Menschen mit lebensbedrohlicher Erkrankung des blutbildenden Systems zu besseren Heilungschancen zu verhelfen. Unter anderem sammelt, bestimmt und vermittelt die DKMS genetisches Material von Freiwilligen, um Betroffenen Zugang zu den lebensnotwendigen Spenderstammzellen zu ermöglichen. Und das weltweit.

Ich las Geschichten von anderen Patienten, von großen Aktionen, die gestartet wurden, um potenzielle neue Stammzellenspender zu finden. Diese Idee behielt ich im Hinterkopf, falls uns der Arzt beim nächsten Termin sagen würde, dass es aktuell keinen Spender gebe. Wir bauten sehr auf diese Transplantation und hofften, dass sie uns wertvolle Zeit schenken würde.

Kurze Zeit später war es so weit, und wir gingen zum ersten Mal in diesem Jahr zum Onkologen in die Klinik. Der erste Chemozyklus war fast beendet, drei weitere sollten folgen. Die Beulen an Simons Kopf und am Brustbein waren zum Glück schon etwas kleiner geworden, großartig. Gleichzeitig eröffnete uns der Arzt, dass der Suchlauf in der Stammzelldatenbank weltweit keinen Spender für Simon gefunden hatte. Das konnten wir gar nicht glauben. Weltweit? Das waren eine Menge Menschen. Irgendwo musste Simons genetischer Zwilling doch sein, wir mussten ihn nur finden.

Ich erinnerte mich an das, was ich über diese DKMS-Aktionen gelesen hatte, und wurde postwendend größenwahnsinnig. So was wollte ich ebenfalls machen. Und darüber hinaus auch auf anderen Wegen versuchen, Aufmerksamkeit zu erregen, um unseren Zeitschenker zu finden.

Ich sprach mit Simon und schilderte ihm meine Idee. Mir schwebte ein Blog im Internet vor, denn Blogs waren aktuell das Mittel, wenn man eine größere Öffentlichkeit erreichen wollte. Die Leute schrieben über Mode, Ernährung oder familiäre Themen – warum also sollte ich nicht über die DKMS und über Kunibert schreiben?

Mir war durchaus bewusst, dass ich weder Ahnung vom Bloggen hatte noch wusste, wie man so was überhaupt beginnt. Ich fand viele Blogs über Krebs, allerdings keinen, der von Angehörigen geschrieben worden war. Ich hatte keine Ahnung, ob das funktionieren würde, wollte es jedoch unbedingt versuchen. Ich überlegte, was außer Kunibert Thema sein sollte und wie viel ich von unserer Familie preisgeben wollte. Und schließlich stand ich vor der Frage nach einem Namen.

In den letzten Jahren fluchten wir oft, heimlich. Denn den Kindern hatten wir das immer verboten. Kunibert hatte uns in ein Leben schlittern lassen, dass wir so nicht haben wollten. Kunibert war scheiße, ein Arsch, ein richtiges Arschloch. So war der Blogname schnell gefunden: Cancer-is-an-asshole.blog. Das passte.

Simon fand die Idee toll und unterstützte mich in dem Vorhaben. Er meinte immer, dass er sich damals in meine geschriebenen Worte verliebt habe, in die E-Mails, die wir tauschten, bevor wir uns das erste Mal trafen.

Wir hofften darauf, der Erkrankung Blut- bzw. Knochenmarkkrebs ein Gesicht geben zu können. Wir glaubten, dass sich potenzielle Stammzellspender eher registrieren ließen, wenn sie nicht nur um Kunibert wussten, sondern auch um die Geschichte und die Menschen, die dahinter standen. Unser Held wollte zeigen, was es heißt, an Krebs erkrankt zu sein und auf seinen Stammzellspender zu warten. Genauso wollte er zeigen, dass das Leben trotzdem weitergeht, die Sonne jeden Tag wieder aufgeht, ob man will oder nicht. Trübsal und hadern änderten nichts an Kunibert.

Unser Held brachte viele Ideen mit, er wünschte sich für den Blog eine Kombination aus Familie und Kunibert, genauso wie es in unserem Leben aussah. Wir wollten nicht nur den Krankheitsverlauf zeigen, sondern vielmehr den Menschen und die Leben, die davon betroffen waren. Die Nachricht lautete: Kunibert ist ein Teil unseres Lebens, aber nicht der Größte.

Uns war bewusst, dass uns ein Stammzellensuperheld den Papa nicht dauerhaft erhalten konnte – dazu war Kunibert einfach zu mächtig. Aber Zeit schenken, das ging. Vielen anderen Patienten können die Stammzellen eines Spenders tatsächlich das Leben retten, wobei etwa zwanzig Prozent der Patienten leider vergeblich wartet.

Unser Held engagierte sich ehrenamtlich für das Deutsche Rote Kreuz, hatte immer anderen geholfen. Nun war er es, der Hilfe brauchte. Der nicht vergeblich warten sollte.

Zunächst jedoch begann Simon seinen zweiten Chemo-zyklus, und wir trafen entsprechende Vorbereitungen. Es hätte alles noch viel keimarmer sein müssen. In unserem Schlafzimmer lag Teppichboden, das ging gar nicht. Kurzer-hand feierten wir eine Laminatparty – zusammen mit Freun-den und ziemlich lauter Musik. Der neue Fußboden war recht schnell verlegt, und unsere Kinder freuten sich über eine Fahrbahn für ihre Rollbretter.

Simon und ich saßen im Schneidersitz auf dem neuen Boden. Die Kinder rollten mit ihren Brettern und jubelten. In diesem Moment schien alles völlig gewöhnlich. Wir saßen in ei-nem Haus, mit zwei Kindern. Draußen hörten wir unsere Hun-de toben, der Duft von gebackenem Brot zog von der Küche bis ins Schlafzimmer. Es hätte alles so leicht sein können. Doch obwohl es das nicht war, war es trotzdem irgendwie perfekt.

Ich saß neben dem Mann, den ich immer wollte. Ich lehnte meinen Kopf an seine Schulter, er küsste meine Stirn und legte seinen Arm um mich. Die Kinder kamen zu uns gerannt, wie immer wenn sie sahen, dass wir uns umarmten. Sie kitzelten uns und sagten: »Ihr habt später noch genug Zeit zum Knutschen!«

Dieser Satz löste in Simon und mir stets etwas Wehmut aus, da wir nicht wussten, wie lange es dieses »später« noch geben würde. Ich streichelte über Simons Kopf und bemerk-te, dass die Haare langsam wieder krauser wurden. Einige blieben bereits an meiner Hand hängen. Ich versuchte, mir nichts anmerken zu lassen und wischte meine Hand schnell auf dem glatten Boden ab.

Simon guckte mich an und sagte: »Ich hab's schon gese-hen. Morgen rasiere ich mir die Haare ab.«

Ich legte meinen Kopf zurück auf seine Schulter. »Mit Glatze siehst du sowieso viel besser aus.« Unser Held hatte das richtige Gesicht dafür, und sein Kahlkopf sah jedes Mal aus wie gewollt. Ich liebte seine Glatze.

Am Abend redeten wir mit den Kindern. Ich fragte Emma, ob sie noch wusste, wer Kunibert war. Unsere Tochter nickte, Leo sah sie fragend an.

»Papa hat Blutkrebs, und der heißt Kunibert.«

Ich hatte ganz vergessen, wie groß Emma inzwischen geworden war. Leo guckte immer noch fragend. Ich erzählte ihm von der Krabbe und ihren Scheren und dass Papa ein paar gesunde Blutteile brauchte.

»Und woher bekommt Papa die?«, fragte Leo neugierig.

»Wir suchen jetzt jemanden, der gesundes Blut hat, das zu Papas Blut passt«, erwiderte ich. »Und wenn wir diesen Menschen gefunden haben, gibt er Papa hoffentlich etwas davon ab. Vorher kriegt Papa aber noch ein wenig Medizin.«

»Die Rittermedizin«, ergänzte Emma. »Da sind nämlich starke Ritter drin, die Papa helfen.«

Leo bekam große Augen – wie Emma damals, als ich es ihr erklärte.

Die Einhornbändigerin fuhr fort: »Manchmal fallen davon auch die Haare aus, dann kämpfen die Ritter besonders tapfer.«

Der kleine Batman nickte, fast schon andächtig, als Emma unvermittelt sagte: »Ich habe Angst, dass Papa sterben muss.«

Unser Held saß neben mir an unserem großen Esstisch. Er sackte in sich zusammen und hielt sich an der Tischkante fest. Ich konnte sehen, dass er mit den Tränen kämpfte und nicht wusste, was er sagen sollte.

Unsere Kinder wussten immer, dass Simon krank war, Leo kannte seinen Papa gar nicht anders. Er hatte bereits häufiger erlebt, dass Simon in die Klinik musste, dass es Zeiten gab, in denen er müde und abgeschlagen war.

»Ich fürchte mich auch davor«, sagte ich schließlich. »Es kann sein, dass das passieren wird, aber wir wissen es nicht.«

Emmas Augen weiteten sich, ihr Gesicht wurde rot und die Stimme zitterte. »Was machen wir denn dann?«

»Ich weiß es nicht, mein Schatz. Aber ich bin mir sicher, dass wir das packen.« Ich schluckte.

Leo sagte: »Dann bist du im Himmel, Papa, da oben bei Opa.«

Simon nickte.

»Stimmt«, erwiderte ich. »Und, was meint ihr, was werden Papa und Opa dort oben dann als Erstes machen?«

»Fußball gucken!«

»Eis essen!«

»Brettspiele spielen.«

»Auf einem Einhorn reiten!«

»Lasst uns eine Liste machen«, schlug ich vor. »Mit Dingen, die wir unbedingt noch gemeinsam mit Papa machen wollen. Damit wir es nicht vergessen.«

Simon krallte sich wieder an der Tischplatte fest. Sein Fuß tippte ununterbrochen auf den Fußboden, er schwankte leicht hin und her. Ich hatte das Gefühl, dass er gerade am liebsten aufgestanden wäre, seine Sachen gepackt hätte und gegangen wäre. Er wäre am liebsten weggelaufen; vor

Kunibert und vor den Dingen, die diese Krabbe mit sich brachte. Mein Held sagte mir einmal, dass er ein schlechtes Gewissen habe. Zum einen, weil Kunibert dafür sorge, dass ich eines Tages alleinerziehend mit zwei Kindern sei und dass die Kinder ohne Vater aufwachsen müssten. Zum anderen aber auch, weil er die Zeit zwischen der Erstdiagnose und jetzt so wenig genutzt habe.

Es gab jede Menge Tage, an denen ich versuchte, das zu glauben, was ich gerade gesagt hatte. Manchmal sagte ich Dinge, um Simon Mut zuzusprechen, um den Kindern ihre Hoffnung nicht zu nehmen. Hin und wieder glaubte ich mir selbst, an anderen Tagen war das etwas schwieriger. In diesem Gespräch jedoch an unserem Esstisch mit meinen drei Lieblingsmenschen war ich überzeugt von meinen Worten. Ich fand es richtig, diese Liste zu schreiben. Für Erinnerungen. Für schöne Momente. Für unsere Zeit als Familie.

Emma wollte unbedingt einmal im Berliner Fernsehturm brunchen, Leo wünschte sich, den echten Batman zu treffen. Simon sprach vom Lego- oder Disneyland. Ich wünschte mir einen Urlaub im Süden. Wir alle wollten mit einem Wohnmobil durch die Gegend fahren, um dort Halt zu machen, wo es uns gefiel. Wir wollten auf Berge klettern und von Klippen springen. Einmal in Hamburg auf dem Fischmarkt stehen und Olivia Jones besuchen. Emma wünschte sich, mit Helene Fischer zu singen, und Leo träumte davon, mit Bibi und Tina durch den Falkensteiner Forst zu reiten.

Simons Hände lösten sich, er richtete sich wieder auf und überlegte mit. Es war ein sehr lebendiges Gespräch, verbunden mit viel Freude und Lebensmut. Simon sagte mir erneut, dass er die Art und Weise liebe, wie ich Dinge schriftlich festhalte. Es wäre doch toll, wenn ich irgendwann einmal ein Buch schriebe, vielleicht sogar über Kunibert, über unsere Heldenkinder, über unsere Familie. Unser Blog brachte inzwischen viel Interaktion, warum also nicht auch ein Buch verfassen? Simon wollte, dass sich andere Angehörige weniger allein fühlen mussten. Wir konnten über unsere Bucket List schreiben oder über die Suche nach dem genetischen Zwilling. Ich belächelte das, denn ein Buch ist eine ganz andere Geschichte als ein Blog, zumal ich immer noch keine Ahnung von dem hatte, was ich da eigentlich tat. Trotzdem nahm ich das Buch in die Liste auf.

Sie wurde lang und immer länger. Und plötzlich sagten Simon und ich fast zeitgleich: »Heiraten!« Wir sahen uns an und lachten. Das, was wir eigentlich nie wollten, wollten wir nun doch. Nicht zur Absicherung, sondern als Symbol dafür, dass uns Kunibert nicht alles nehmen konnte. Ich wollte niemanden mehr als diesen Mann, also durfte das ruhig amtlich werden. Ob mit Krebs oder ohne – das spielte keine Rolle.

# Die Suche nach der Nadel im Heuhaufen

Der nächste Besuch in der Klinik beim Onkologen zeigte, dass die Chemotherapie zu greifen schien. Unser Held befand sich bereits im dritten von vier geplanten Zyklen. Während er sich von Chemo zu Chemo kämpfte, fühlte ich mich hilflos, weil ich nichts anderes tun konnte als zuzusehen. Ich liebte ihn, jeden Tag ein bisschen mehr, und ich wollte mehr machen als warten und moralische Aufbauarbeit leisten.

Der Spendersuchlauf für die Stammzellentransplantation hatte immer noch keine Ergebnisse gebracht – und tadaa, da war sie, meine Aufgabe. Es war Zeit, mich endlich an die DKMS zu wenden wegen dieser Aktionen, bei denen Betroffene öffentlich dazu aufriefen, sich registrieren zu lassen in der Hoffnung, dadurch einen passenden Spender zu finden. Das wollte ich auch, wenngleich ich keine Ahnung hatte, wie so was vor sich ging.

Als ich Simon von meinem Plan erzählte, reagierte er skeptisch. Zwar wollte er unbedingt seinen Stammzellspender-Superhelden finden, aber: »Da kommt keiner. Wir wohnen in Berlin – hier ist sich jeder selbst am nächsten.«

»Ach was«, sagte ich. »Weißt du noch? Vom Internet dachten wir auch, dass da alle immer nur anonym sind und ihr Ding machen, und was ist passiert? Mein Blog ist riesig groß geworden und es gibt so viele Leute, die sich nur aufgrund unserer Geschichte als potenzielle Stammzellspender haben registrieren lassen.« Ich nahm seine Hände in meine und blickte ihn an. »Wir erreichen Menschen, die wir noch nie gesehen haben! Das geht bestimmt auch in einer Stadt wie Berlin!«

Simon wich meinem Blick aus und fragte: »Woher willst du denn die Zeit für die Vorbereitung nehmen?« Im März war die autologe Stammzelltransplantation geplant, die Hochdosis-Chemo mit anschließender Rückgabe der eigenen Stammzellen. In dieser Zeit wäre ich mehrere Wochen mit den Kindern allein zu Hause, würde Simon im Krankenhaus besuchen, mich um Kita und Schule kümmern. Nebenbei arbeitete ich und versuchte, unser Haus vor dem Einstürzen zu bewahren.

»Ich schaff das schon, so schwierig kann das ja nicht sein«, meinte ich.

Abends schrieb ich die erste E-Mail an die Deutsche Knochenmarkspenderdatei. Zwei Tage später riefen sie mich an. Ich war gerade bei der Arbeit und verzog mich in den Pausenraum. Von meinem Kollegen wusste kaum jemand etwas von Kunibert, und ich wollte, dass das so blieb. So hatte ich wenigstens eine krebsfreie Zone, in der es noch unbeschwerte Gesprächsthemen gab.

Die nette Frau am Telefon erklärte mir das Prozedere für eine Registrierungsaktion und erläuterte, welche Vorbereitungen ich treffen musste. Zuerst einmal brauchte ich ein Initiatoren-Team von etwa fünf Mitgliedern, die sich darum kümmern sollten, die nötige Aufmerksamkeit zu erregen. Fünf? Also ich plus vier. Klingt einfach? Ist es nicht. Simon und ich hatten bemerkt, dass es vielen Menschen aus unserem Freundeskreis mit Kunibert ähnlich zu gehen schien wie mir manchmal – sie fühlten sich überfordert. Die Tatsache, nichts tun zu können, machte ohnmächtig und hilflos. Obendrein stand immer die Frage nach der Prognose im Raum, nach Sterben und Tod. Viele ertrugen das nicht, sie fühlten sich schlecht und hatten Angst. Kunibert machte nicht nur unseren Helden krank, sondern auch das Umfeld. Von vielen Freunden und Bekannten hatten wir schon ewig nichts mehr gehört.

Wie sollte ich nun also vier Menschen davon überzeugen, sich so richtig mit Simons Blutkrebs auseinanderzusetzen und mir dabei zu helfen, eine Aktion auf die Beine zu stellen?

Ich wusste mir nicht anders zu helfen, als in einem Post auf meinem Blog von diesem Problem zu erzählen. Zeitgleich fragte ich zwei Freunde, bei denen ich mir vorstellen konnte, dass Kunibert sie noch nicht ganz verschreckt hatte. Einer sagte zu, die andere reagierte zögerlich; sie könne nicht mithelfen, sie hätte gerade selbst so viel um die Ohren. Das verstand ich, jeder hat sein eigenes Leben, und ich sagte ihr, dass es ausreiche, wenn sie nur mit zu einem Termin mit der DKMS käme und dort bestätige, mit im Team zu sein – Hauptsache, ich kam auf die erforderliche Anzahl von Helfern. Schließlich willigte sie ein.

Zwei weitere Mädels meldeten sich über unseren Blog bei mir, um mich zu unterstützen. Zwei wildfremde Menschen wollten helfen. So anonym, wie wir gedacht hatten, war Berlin offensichtlich gar nicht. Genauso wenig wie das Internet: Der Blog war erst zwei Monate alt, doch ich stellte fest, dass Simons Geschichte immer mehr Menschen erreichte. Ich bekam Fotos von Wattestäbchen zugeschickt, Hinweise darauf, dass sich andere, ebenfalls völlig fremde Menschen als potenzielle Stammzellspender hatten registrieren lassen, weil unser Schicksal sie bewegte.

Das wirkte recht surreal, aber es geschah tatsächlich. Simon, inzwischen im vierten Chemozyklus, konnte es selbst kaum glauben, freute sich jedoch sehr.

Bei meinem ersten Treffen mit der DKMS und meinen vier Mitorganisatoren besprachen wir, was als Erstes zu tun war. Wir brauchen einen Ort, an dem die Aktion starten konnte, einen Ort, an dem möglichst viele Menschen Platz fanden, um sich registrieren zu lassen.

»Ich frage ein paar Freundinnen, ob die uns Kuchen backen können, dann machen wir ein Buffet«, sagte eines der Mädels, die sich über den Blog gemeldet hatten. »Und wir könnten eine Tombola organisieren.«

»Super«, fiel die zweite Helferin ein. »Ich kenne jemanden, der vielleicht Kinderschminken anbietet. Und ich kann so einen Kaffeeautomaten besorgen, mit dem man diese ganzen Spezialitäten hinkriegt.«

Tiefe Dankbarkeit durchströmte mich in diesem Moment, denn ich spürte, dass ich nicht allein war. Und die beiden hatten recht: Wenn wir wollten, dass zahlreiche Menschen sich auf den Weg zu uns machten, mussten wir etwas mehr bieten als nur Wattestäbchen. Ein Fest sollte es werden, ein Party für das Leben.

Vorher jedoch brauchten wir dringend Sponsoren, die die Registrierungskosten übernahmen, denn mit einem Abstrich allein ist es leider nicht getan. Die besten Stammzellen nützen nichts, wenn sie nicht registriert werden können, und die Typisierung der entnommenen Probe kostet 35 Euro. Nicht jeder kann oder will sich das leisten. Außerdem brauchten wir Sachpreise für die Tombola, Werbung musste sein und die Frau von der DKMS sprach von einer Pressemitteilung. Jeder im Team bekam seine Aufgaben. Das, was wir sonst nur aus den Medien kannten, planten wir nun selbst.

Am 22. März 2017 ging Simon erneut in die Klinik, die Hochdosis-Chemo stand an. Die Stimmung am Morgen war dementsprechend. Weder der Held noch ich wussten so recht, was wir sagen sollten. Simon hatte Angst vor den nächsten Wochen und Monaten, von denen er ja wusste, wie kräftezehrend sie für ihn werden würden.

»Du machst das einfach wie beim letzten Mal, ja?«, versuchte ich ihm Mut zu machen. »Hat 2012 doch gut geklappt.«

Er nickte. »Okay. Wie beim letzten Mal.«

Im Krankenhaus wurde Simon von Kopf bis Fuß durchgecheckt, um jede noch so kleine Infektion oder Entzündung auszuschließen. So was wäre einfach zu gefährlich gewesen, wenn das Immunsystem durch die Hochdosis-Chemo erneut auf null fuhr. Der Behandlungsplan sah vor, an den Tagen -3 und -2 das Präparat zu verabreichen. Am Tag -1 werde pausiert und am Tag 0 schließlich die Stammzellen zurückgeführt. Danach folge die Zeit der Isolation. Diese kritischste Phase dauerte circa zehn bis vierzehn Tage, an denen es dem Helden am wenigsten gut ginge. Besuch dürfe nur mit Mundschutz und Kittel zu ihm, Gäste weder Schnupfen haben noch anderweitig krank sein.

Im Arztzimmer erwartete uns ein dicker Packen Aufklärungsbögen, die alle unterschrieben werden wollten. Auch die Liste der möglichen Risiken und Nebenwirkungen war lang – Übelkeit und Mundschleimhautentzündung das Harmloseste darauf.

Aber was war Simons erste Frage, als wir auf Station ankamen? Genau, die nach dem W-LAN ...

Nachmittags gingen wir gemeinsam in die Cafeteria. Leo war für zwei Nächte auf Gruppenfahrt mit seiner Kita unterwegs, Emma verweilte bei Papa-Eins. Zeit für uns. Andere gingen ins Kino, Restaurant und tanzen. Wir saßen uns auf Plastikstühlen gegenüber. Der Kaffee in der Klinikcafeteria war unser Date. Immerhin hatten wir eins. Wir nahmen, was wir kriegen konnten.

Während wir unsere Getränke schlürften, kamen wir darauf, dass wir früher einmal darüber geredet hatten, was wir machen wollten, wenn wir alt und runzelig wären. Wir wollten zusammen auf der Terrasse sitzen, in Schaukelstühlen, und dabei unsere Hände halten.

Falten hatte ich schon genug, Augenringe auch. Und in meiner Teeniezeit war ich der festen Überzeugung gewesen, dass Menschen ab dreißig uralt sind. Von daher schlug ich vor, unseren Plan sofort umzusetzen. Wir würden zwar nicht unseren Enkelkindern beim Spielen im Garten zusehen, sondern unseren eigenen. Aber das war okay. Fehlten nur noch die Schaukelstühle.

»Ich kümmere mich darum«, versprach ich. »Und wenn du nach Hause kommst, setzen wir uns hinein.«

Ich war mir sicher, dass unser Held die Behandlung rocken würde. Er war stark, er war mutig. Krabbe Kunibert musste schlafen, denn für sie gab es keinen Platz in unserem Schaukelstuhl. Der Held lachte. Der Held weinte, aber er verzweifelte nicht.

# Nimm das, Krabbe!

Zu Hause versuchte ich, die DKMS-Aktion voranzutreiben. Wenn die Kinder abends im Bett lagen, schrieb ich E-Mails an mögliche Sponsoren, entwarf Aufstellungspläne und gab alles, um das Schulamt davon zu überzeugen, dass wir mit unserer Aktion nicht den Turnhallenboden meines Wunsch-Aktionsortes zerstörten. Ich suchte nach einem Schirmherrn.

An einem Abend erzählte ich den Kindern von der Sache, was genau dabei passieren werde und warum wir das taten. Ich erzählte ihnen, dass ganz bald überall Plakate mit Fotos von ihnen und ihrem Papa hängen und dass es an Bushaltestellen besonders große davon geben werde.

»Wir wollen jemanden finden, der Papa gesundes Blut abgibt.«

»Stimmt«, meinte Leo. »Seins ist ja kaputt!« Treffender hätte ich es nicht ausdrücken können.

Emma sagte ich, dass ich die Plätze rund um ihre Schule aussparen wolle, damit sie nicht jeder darauf anspreche. Die Einhornbändigerin war fast sauer und forderte: »Ich will sogar Plakate IN der Schule, Mama. Und rundherum sowieso.«

»Na gut.« Ich nickte, während mir eine Gänsehaut über den Rücken kroch. Unsere Kinder waren so stark, stärker als sie es eigentlich hätten sein dürfen. Am Morgen hatte der kleine Batman mit unserem Helden telefoniert. Die einzige Frage an den Papa war gewesen: »Was gab es gestern zum Mittag?« Der Miniheld war eher pragmatisch, ihn interessierten die existenziellen Dinge. Trotzdem merkte man ihm an, dass er unter der Situation litt. Er war anhänglicher als sonst und es bedurfte nicht viel, um ihn zum Weinen zu bringen.

Die Einhornbändigerin gab zu, dass sie manchmal Angst habe, obwohl sie wisse, dass alles wieder gut werde. Zwischendurch dann tollten unsere Kinder herum wie alle anderen auch, spielten ihre Spiele und freuten sich auf Ostern und die Einhornbändigerin auf ihren Geburtstag. Dass sie beide Feste vermutlich ohne ihren Papa verbringen mussten, nahmen die Kinder ohne zu murren hin.

»Dann feiern wir eben nächstes Jahr wieder alle zusammen«, sagte Emma traurig, aber bestimmt.

»Das machen wir«, entgegnete ich und war dankbar für ihre Zuversicht. Als Angehörige eines Krebspatienten hörte ich oft irgendwann Bemerkungen wie »Ich könnte das ja nicht« oder auch »Wie kannst du in so einer Situation noch Spaß am Leben haben?« Manche fanden es überdies seltsam, dass ich die Kinder in ihrem guten Glauben ließ, obwohl die Prognose so finster aussah. Was hätte ich tun sollen?

Wir haderten nicht mit unserem Leben, wir nutzten die Zeit, die uns blieb. Wir wollten nicht, dass unsere Kinder später an eine Kindheit in Angst und Sorge zurückdenken mussten. Sie sollten sich an die schönen Dinge mit Papa erinnern, nicht an den Krebs. Uns blieb nicht so viel Zeit wie manch anderen Familien, umso wichtiger war die Unbeschwertheit der Kinder. Die Furcht vor dem, was kommen mochte, sollte nicht im Vordergrund stehen. Auch wenn – oder gerade weil – Emma und Leo eine schwierige Ausgangssituation hatten, sollten sie ihre Kindheit leben und genießen können, solange es ging.

Unterdessen beschäftigte mich noch ein anderes Problem, für dessen Lösung ich mindestens genauso viele E-Mails verfasste wie für die DKMS-Aktion. Irgendwann im Juli oder August sollte die Stammzelltransplantation mit fremden Stammzellen stattfinden – falls sich bis dahin ein geeigneter Spender fände. Und so versuchte ich, einen kurzfristigen Termin beim Standesamt zu bekommen, weil wir vorher unbedingt noch heiraten wollten. Nur so, für uns. Wir wollten uns so zeitnah wie möglich trauen lassen, da uns niemand sagen konnte, wie viel Zeit uns noch blieb. Worauf also warten? Das hatten wir schon viel zu lang getan. Nachdem meine zahlreichen E-Mails erfolglos geblieben waren, hängte ich mich ans Telefon und rief diverse Ämter an, inzwischen auch außerhalb von Berlin. Alles Bitten und Flehen half nichts.

Dann kam Tag null. Simon hatte die Hochdosis-Chemo hinter sich und erhielt seine Stammzellen zurück. Er feierte diesen Tag wie schon beim ersten Mal. Es sollte ein Tag werden, der die Zukunft wieder kleines bisschen rosa färbte.

Trotz der Isolation verließ er mit Mundschutz und Handschuhen manchmal sein Zimmer, denn die Ärzte wollten, dass er mobil blieb. Beim letzten Mal war das nicht möglich gewesen, und so nahm Simon die Gelegenheit dankend an und seine Stimmung war deutlich besser als zuvor. Er schickte mir Fotos, verzog sein Gesicht zu Grimassen, dass wir oft lachen mussten. Mein Held strahlte wahnsinnig viel Optimismus aus, seine Stimme war ruhig und sein schönes Fotolächeln hatte er immer noch. Simon war grandios.

Immer wenn ich ihn besuchte, lachten wir und redeten. Er wünschte sich Dinge, die ich ihm mitbringen sollte, wir gingen auf der Station spazieren. Die anderen Patienten um uns herum sahen noch genauso gruselig aus wie 2012, nur erschraken wir nicht mehr vor ihnen. Simon hatte nun ebenfalls einen Zugang im Hals, trug eine Glatze und den Mundschutz. Dennoch: Er war anders als die meisten Mitpatienten. Seine Augen zeigten Stolz. Er war stolz auf sich und darauf, dass er den Weg, den er gehen musste, so gut meisterte.

Die Blutwerte, die verrieten, wie aktiv Kunibert war, sanken. Nimm das, du Krabbe! Wir klatschten uns jeden Tag ab, siegessicher und voller Vorfreude auf das, was uns noch erwartete.

Unterdessen organisierte ich mit meinen Mitstreitern die DKMS-Aktion weiter. Nach einigem Hin und Her hatten wir endlich einen Ort und einen Schirmherrn gefunden. Die Sponsorensuche lief, das Flyerverteilen ebenso. Die Anzahl der Leser meines Blogs stieg weiter an, Simon und ich posteten regelmäßig neue Updates. Die Welle an Fotos von Spenderwattestäbchen riss nicht ab.

Je länger die Isolation jedoch andauerte, desto mehr hatte Simon mit den Nebenwirkungen zu kämpfen. Es gab Tage, an denen ich mich wirklich sorgte. Nachts schlief ich mit dem Handy neben meinem Kopf. Wenn ich duschte, dann nur mit offener Duschkabine und dem Telefon in einer Plastiktüte daneben, damit ich ja keinen Anruf aus der Klinik verpasste. Simons Mundschleimhaut hatte sich entzündet und das Herz stolperte; unser Held litt unter Rhythmusstörungen. Das machte mir Angst.

Simon jammerte nicht, schickte mir stattdessen weiterhin Fotos, auf denen ich sehen konnte, wie er ein Eis aß. Mit den Ärzten stand ich inzwischen im regen Austausch. Irgendwann fragte mich der Oberarzt, wo ich meine medizinische Ausbildung gemacht hätte. Ich war anscheinend überdurchschnittlich gut informiert, fragte gezielt bestimmt Werte und Medikamente ab. Wenn ich Simon besuchte, erzählte ich ihm jedes Mal, wie gut er aussah, auch wenn es manchmal gelogen war. Einige Tage lang brauchte er meine Hilfe, weil er sich allein nicht waschen konnte. Ich half ihm auch beim Rasieren und Fingernägelschneiden. Kunibert hin oder her, Körperpflege hat immer auch etwas mit Würde und Wohlbefinden zu tun. Manchmal nahm ich Simons Tablet mit nach Hause, um neue Serien darauf zu spielen und ihm damit die Nächte zu verkürzen.

Regelmäßig redete er von zu Hause, von den Schaukelstühlen, die wir unbedingt für den Garten brauchten. Wieder versprachen wir uns, sie bald zu kaufen.

Emma und Leo waren ganz aufgeregt. Die ersten Flyer und Plakate klebten an den Bushaltestellen, an Hauswänden und Straßenlaternen. Jeden Tag ging Leo sie ab, und ihm fiel sofort auf, wenn welche fehlten. Dann sollte ich so schnell wie möglich ein neues ankleben. Der Heldensohn befürchtete, dass wir sonst kein gesundes Blut für Simon fänden.

Emma fühlte sich, als wäre sie berühmt, und war stolz, mit diesem Foto mithelfen zu können, Simons Lage bald schon zu verbessern. Ich war dankbar, dass unsere Kinder so unbefangen mit den Bildern umgingen, die wirklich überall hingen.

An den Nachmittagen verteilten wir gemeinsam mit einigen Freunden die Flyer in unserer Gegend. Am Ende gab es keinen Briefkasten, den wir nicht bestückt hatten. Insgesamt waren fünftausend Flyer im Umlauf, eine Werbefirma beklebte 160 Bushaltestellen mit unserem Foto. Es hing berlinweit in Kitas, Schulen, Feuerwachen, im Bundestag, in Firmen, Bäckereien, Supermärkten. Ich sah Autos, die mit unserem Flyer in der Fensterscheibe herumfuhren. Wir hingen auf dem schwarzen Brett verschiedener Ministerien, des BKA, der GASAG, bei BMW, bei der Berliner Polizei, verschiedenen sozialen Trägern ... und noch vieler weiterer.

Je mehr wir in die Öffentlichkeit rückten, desto öfter wurden wir erkannt. Ich fühlte mich häufig beobachtet, zum Teil schon angestarrt. Einige Leute sprachen uns an, andere glotzten einfach. Erste kritische Stimmen wurden laut, hauptsächlich auf dem Blog. Wir nützten unsere Situation aus, um Ruhm zu erlangen, wir seien »sensationsgeil« und »medienorientiert«. Letzteres waren wir in der Tat, denn ohne Medien gab es schließlich keine Aufmerksamkeit. Und ohne Aufmerksamkeit würde es keine neuen potenziellen Stammzellspender geben. Die anderen negativen Kommentare trafen mich am Anfang. Es dauerte jedoch nicht lange, bis sie mir egal wurden, weil ich es besser wusste. Ich war nie sensationsgeil – ich wollte etwas erreichen und bediente mich dazu sämtlicher Mittel, die mir zur Verfügung standen. Mehr nicht. Kritische Stimmen gibt es immer und überall, nicht nur bei uns. Wir konnten damit umgehen. Und der Großteil der Stimmen war positiv, was uns sehr bestärkte.

Die Pressemitteilung ging raus. Fotografen, Reporter und ein Kamerateam kamen zu uns nach Hause. Immer, wirklich jedes Mal, hielt ich Rücksprache mit Simon und den Kindern. Ich erklärte unseren Minihelden jeden Schritt und fragte sie, ob sie damit einverstanden seien. Mit Simon sprach ich ab, was ich öffentlich sagen durfte und was besser nicht.

Jedes Mal, wenn ich ihm vom Fortschritt unserer Aktion erzählte, konnte ich es sehen: Jedes Mal funkelten seine Augen ein wenig mehr. Jedes Mal wuchs die Hoffnung auf viele weitere Jahre. Kunibert, du kannst uns mal.

Schließlich trennten uns nur noch wenige Tage vom Tag der Tage. Seit vier Wochen planten und organisierten wir. Je näher der Tag rückte, desto nervöser wurde ich. Zum einen fürchtete ich mich vor dem Moment, an dem ich feststellen musste, dass nicht genug Menschen kamen, um sich registrieren zu lassen. Zum anderen sah das Spendenkonto für die Aktion noch recht mager aus.

Wenigstens konnte sich unser Rahmenprogramm sehen lassen. Eine Helferin hatte, sehr zur Freude der Kinder, eine Hüpfburg organisiert, das Kinderschminken klappte, es würde einen echten Rettungswagen für Kuscheltiere geben, Airbrushtattoos, eine Feldküche vom DRK, einen Kuchenbasar. Eventuell würde sogar ein Rettungshund vor Ort sein, ein Feuerwehrauto hatte sich angekündigt, und wir hatten ein Glücksrad und eine Tombola mit großartigen Sachspenden als Preise – dazu gehörten kleine und große Spielsachen, Bücher und Kinofreikarten, ein Gutschein für eine kosmetische Behandlung, Schreibwaren, Unterhaltungselektronik und direkt vom Hersteller eines von zweihundert limitierten Laufrädern, die nicht im Geschäft erhältlich waren. Ich war überwältigt.

Alle Einnahmen des Aktionstages würden auf unserem Spendenkonto landen, damit jede neue Registrierung auch wirklich typisiert werden konnte.

Irgendwann dazwischen war Ostern. Das wiederum waren Tage, die uns zurück auf den Boden der Tatsachen holten. Simons Stammzellen, seine eigenen, die er zurückbekommen hatte, taten ihre Arbeit. Und auch die Chemoritter zuvor hatten einen guten Job gemacht. Alles schien in die richtige Richtung zu gehen. Fakt war jedoch, dass unser Held an Ostern nicht bei uns sein konnte. Seit der Diagnose hatten wir so etwas noch nie erlebt. Alle Feier- und Geburtstage hatte Simon mit uns verbringen können. Während er nun in der Klinik an einem Schoki-Osterhasen knabberte, suchten wir das Osternest das erste Mal allein. Das war doof, so richtig doof. Also setzten wir alle Hoffnungen auf ein gemeinsames Osterfest im nächsten Jahr, und zwar ohne Mundschutz, Vorsichtsmaßnahmen und vor allem mit einem fitten Papa. Wir klammerten uns an diesen Glauben wie an eine Tatsache, und schließlich überwog er die Traurigkeit.

# Tag X

Zwei Tage vor der großen Aktion feierte Emma ihren neunten Geburtstag, ebenfalls ohne Simon. Das war noch viel blöder als Ostern. Unser Held hatte die Klinik zu diesem Zeitpunkt zwar verlassen dürfen, da seine Werte stabil genug waren, jedoch verbrachte er die ersten Tage bei seinen Eltern. In der Kita unseres Sohns grassierten einige Viruserkrankungen, und wir wollten unbedingt vermeiden, dass Simon sich ansteckte. Jetzt, wo das Schlimmste überstanden war, wurde sein Kampfgeist etwas müde – wer wollte ihm das verdenken? Er war antriebs- und lustlos.

Die Ärzte hatten ihm nahegelegt, in Bewegung zu bleiben, um Thrombosen und Organschädigungen vorzubeugen, und so forderte ich ihn auf, mir täglich vier Fotos zu schicken, die ihn draußen zeigten. Bewegung ist wichtig und frische Luft gut für die Seele. Unser Held sollte keinen Marathon laufen, nur kurze Spaziergänge machen. Er hielt sich daran, und ich freute mich über Bilder von ihm vor einer Kastanie, im Vorgarten seiner Eltern, vor einem blühenden Fliederbusch. Er selbst schaute jedes Mal grimmig in die Kamera, mit einem »Bist-du-jetzt-zufrieden?«-Blick. Ja, mein Schatz, wenn ich dich an der frischen Luft und auf den Beinen wusste, war ich zufrieden, denn ich wusste, dass es dir dann besser ging.

Schließlich kam der Tag der Registrierungsaktion, und ich war wahnsinnig nervös. Berlin ist ein schwieriges Pflaster für Registrierungsaktionen der DKMS. In einem Dorf ist der

Zusammenhalt untereinander anders, hier jedoch herrscht gewaltige Anonymität und viele kennen nicht einmal die Nachbarn im eigenen Haus. Die letzten Aktionen hatten etwa dreihundert neue Registrierungen gebracht. Optimistisch, wie wir waren, hofften und planten wir mit fünfhundert.

Mit recht zittrigen Beinen fuhr ich am frühen Morgen zur Turnhalle, wo es noch einiges vorzubereiten gab. Die vielen Helfer wurden eingewiesen, Tische und Stühle aufgebaut. Am Vortag hatte uns ein Donutriese zweihundert seiner Leckereien für den Kuchenbasar zugesagt, die es zu drapieren galt; die Wasserwacht hievte gerade ein Boot (!!!!) von einem Anhänger und stellte es für Fotos auf dem Schulhof auf. Das DRK brachte ein Motorrad und tatsächlich Rettungshunde mit und errichtete eine Feldküche.

Draußen stürmte es, dicke Hagelkörner fielen vom Himmel und wechselten sich mit Starkregen ab. Trotzdem standen ab halb elf die ersten Leute vor der Halle, und die Schlange wurde beständig länger. Es kamen tatsächlich Menschen, ganz viele Menschen; ganze Busladungen von Menschen rollten heran. Ich sah eine lange Reihe von Personen, die trotz des miserablen Wetters dort ausharrten, nur weil sie helfen wollten. Uns helfen wollten.

Ich rief Simon an und erzählte ihm, was hier gerade vor sich ging. Unser Held war genauso fassungslos wie ich. Das ganze Werben, das Organisieren in den letzten Wochen – es schien sich gelohnt zu haben. Spätestens jetzt würden wir Simons Zeitspender, seinen genetischen Zwilling finden. Er konnte einfach nicht anders als unter den vielen Leuten sein.

Seit fünf Jahren lebten wir mit Kunibert, durchlebten Höhen und Tiefen. Simon hatte zwei Hochdosis-Chemotherapien und diverse Chemozyklen gemeistert. Er kämpfte sich von Therapie zu Therapie. Das konnte alles nicht umsonst gewesen sein, es musste einfach passen. Wir waren uns sicher, so sicher, dass alles gut werden würde, dass es Simon demnächst besser ginge und wir schon ganz bald wieder so etwas wie einen Alltag hätten. Wir vermissten Langeweile. Wir vermissten Wochenenden, an denen wir nicht aus dem Bett kamen. Wir vermissten wilde Toberunden mit den Kindern, gemeinsame Ausflüge und Spaziergänge auf dem Feld. Das alles sollte wiederkommen. Wir glaubten fest daran.

Es dauerte nicht lange, bis wir die Anzahl der Helfer aufstocken mussten, und bereits um 13 Uhr ließ sich der erhoffte Fünfhundertste in der DKMS registrieren! Auf der Bühne tanzte die Tanz-AG meiner Tochter, zwei Chöre sangen ihre Lieder. Um halb drei hatten wir 850 neue Registrierungen.

»Tausend schaffen wir aber nicht mehr«, meinte die weltbeste Mitarbeiterin der DKMS mit einem Strahlen im Gesicht. Ich rief unseren Helden an, um ihm die aktuelle Zahl durchzugeben. Noch immer war er sprachlos. Als ich zwanzig Minuten später in die Halle zurückkehrte und für die Presse für einige Fotos posierte, brach plötzlich Applaus los für die tausendste Registrierung ... WAHNSINN!

Um 16.20 Uhr wurde der letzte potenzielle Stammzellspender registriert. In Summe waren es 1.211 neue Kandidaten! Die Stimmung war großartig. Eine Berliner Zeitung schrieb, dass es sich wie auf einem Volksfest angefühlt habe. Die Mühen der letzten Wochen hatten sich ausgezahlt, es war nicht nur eine Typisierungsaktion, es war eine Heldenparty. Genauso wie ich es mir gewünscht hatte.

# Die Frage der Fragen

Bei unserer Aktion war viel Presse vor Ort gewesen – unter anderem ein Reporter einer großen Berliner Tageszeitung. Dieser Mann meinte, er habe gelesen, dass wir heiraten wollten, und fragte, ob wir schon einen Termin hätten. Ich erzählte ihm von meinem Spießrutenlauf durch sämtliche Standesämter der näheren und weiteren Umgebung.

»Vielleicht kann ich Ihnen helfen«, sagte der Journalist, und ich bedankte mich, obwohl ich mir kaum vorstellen konnte, dass unsere Trauung tatsächlich noch klappen sollte.

Simon und ich hatten uns oft über den jeweils anderen beschwert. Wir ließen unsere Freunde und Familien wissen, wie wahnsinnig anstrengend und nervig wir unseren Lieblingsmenschen mitunter empfanden. Ich war die, die klammerte, er war der, der keine Position beziehen wollte. Eigentlich waren wir beide total unfähig, eine Beziehung zu führen. Ich konnte mich gar nicht mehr daran erinnern, wie oft wir uns gegenseitig gesagt hatten, dass das so nicht funktionierte. Irgendwas hatte uns jedoch immer zusammengehalten, irgendwas sorgte dafür, dass wir uns nur an der Seite des anderen komplett fühlten.

Ich wollte mir nicht vorstellen, wie ein Leben ohne Simon ausgesehen hätte. Und mein Held konnte das wohl auch nicht.

Vor einigen Jahren musste ich am Knie operiert werden; Meniskusriss. Schmerzhaft und leicht anstrengend, aber nichts Ernstes. Die Operation war ambulant, Simon begleitete mich bis zum OP-Saal. In dem Moment, als ich »Bis nachher« sagte, kämpfte er plötzlich mit den Tränen und bat den Arzt, bitte gut auf mich aufzupassen, er bräuchte mich noch.

Ich kannte dieses »Ich brauche Dich noch«-Gefühl ebenfalls, mehr und besser, als mir lieb war. Ich hätte alles dafür gegeben, Simon ein Stück seiner Qualen abzunehmen, und hatte oft das Gefühl, dass es nicht ausreichte, was ich tat, dass Simon so viel mehr verdiente, als ich ihm geben konnte. Er war der Mann, den ich liebte, und ich konnte mir ein Leben ohne ihn nicht vorstellen.

Unsere Kinder brauchten ihren Papa ebenso. Sie freuten sich, wenn es ihm besser ging, und litten mit, wenn Kunibert wieder stärker geworden war. Simon und ich befürchteten manchmal, ihnen ein Stück Kindheit zu rauben. Wir wollten, dass sie trotz allem friedlich, lachend und mit ganz viel kindlicher Naivität aufwuchsen. Sie sollten sich darüber ärgern, dass sie keine drei Kugeln Eis essen durften oder ihr Zimmer aufräumen und Hausaufgaben machen mussten. Stattdessen suchte Emma im Internet nach dem Wort »Blutkrebs« und erzählte mir, wie viele Menschen daran sterben. Sie fragte mich oft, ob Simon auch dazu gehöre. Und jedes Mal antwortete ich: »Ich hoffe nicht.«

In dieser Hinsicht war der Vatertag in diesem Jahr etwas ganz Besonderes für uns. Eigentlich sollte es keine bestimmten Tage brauchen, um liebe Menschen wertzuschätzen. Und noch eigentlicher brauchten wir diese Tage auch nicht. Trotzdem feierten wir den Vatertag 2017 mit leckerem Kuchen, Grillen und gebastelten Geschenken. Das beste Geschenk erbrachte unser Held selbst. Wie vor einiger Zeit mit Leo besprochen, übten die zwei Fahrradfahren. Simon hielt Leo am Rücken fest, rannte unermüdlich hinter ihm her. Unser Heldensohn war jedoch noch recht zögerlich und sämtliche Motivationsversuche scheiterten. Und dann auf einmal: Der kleine Batman sammelte seinen Mut, sagte: »Lass los, Papa!« und trat in die Pedale. Er fuhr, einfach so und kippte nicht um. Plötzlich klappte es.

»Danke Papa«, rief er lachend.

Nahezu zeitgleich erreichte uns die Nachricht, dass die Berliner Tageszeitung Erfolg gehabt habe und wir unseren Termin im Standesamt bekämen; am 22. Juni 2017. Binnen nur weniger Wochen durften wir tatsächlich heiraten. Es war schier unglaublich.

Wir entschieden uns dafür, allein zum Standesamt zu gehen, ohne Gäste und auch ohne Kinder. Egoistisch war das, das stimmt. Allerdings wollten wir diesen Tag nur für uns, ganz allein. Es sollte ein Moment sein, der ausschließlich für uns bestimmt war. In den letzten Monaten und Jahren waren wir nie allein zu zweit gewesen, Kunibert war allgegenwärtig. An diesem Tag sollte es anders sein. Wir erhielten einen Nothochzeitstermin, der es ermöglichte, dass die Standesbeamtin sogar zu uns oder in die Klinik käme, sollte Simon nicht stabil genug sein. Zwei Tage nach der Zeremonie wollten wir die Party unseres Lebens feiern, mit vielen Freunden, mit unserer Familie und ganz viel Lebenslust, und hatten das große Glück, so kurzfristig eine phänomenale Location zu finden, die einiges möglich machte.

Die nächsten Tage und Wochen waren anstrengend. Simon kämpfte mit einer depressiven Verstimmung und daneben galt es, einige Vorbereitungen zu treffen. Ich ließ nicht zu, dass er seine Hände in den Schoß legte, sich zurücklehnte und immer wieder sagte:»Ich bin zu müde, mach du das.«

»Es ist auch deine Hochzeit, hilf mir gefälligst«, murrte ich dann, und es half. Die Hochzeitsvorbereitungen schienen unseren Helden zu beflügeln, er mobilisierte seine Kräfte und sammelte sich. Er überlegte, schrieb E-Mails und war von Tag zu Tag von mehr Vorfreude erfüllt. Da war er wieder: Simon, mein zukünftiger Ehemann, der Mann, für den ich die Welt angehalten hätte, wenn es sein musste.

Wir überlegten, ob wir unsere Hochzeit unter ein Motto stellen sollten, und befragten unsere Kinder, die sich freuten, dass endlich »gehochzeitet« wurde.

»Superhelden«, entschieden sie sofort und unisono, da ja immerhin ihr Papa unser persönlicher Superheld war.

Einen Dresscode gab es nicht, wir baten alle Gäste, in Klamotten zu kommen, in denen sie sich wohlfühlten, schrieben aber in die Einladung, dass wir uns über ein kleines Superhelden-Gadget freuen würden. Simon wollte einen Frack tragen, darunter statt des Hemdes ein Superman-T-Shirt. Meine Brosche war ein Batmanlogo, meine Brautschuhe weiße Sneaker mit entsprechender Aufschrift. Unsere Kinder trugen Umhänge. Es sollte grandios werden.

Trotz der heiteren Vorbereitungen und der unendlichen Vorfreude gab es Tage, die grau und düster waren. Termine in der Klinik deprimierten uns ebenso wie die Tatsache, dass sich viele Freunde zwar für unsere Hochzeit interessierten, nicht jedoch dafür, wie sie uns in Bezug auf Kunibert helfen konnten. Es gab viele Tage, an denen ich mich überfordert und sehr einsam fühlte. Ich war so müde, meine Falten wurden immer tiefer. Neben den Hochzeitsvorbereitungen half ich Simon bei vielen Alltagsdingen. Ich versorgte unsere Kinder, unternahm Ausflüge mit ihnen und vertrieb die Monster unter ihren Betten. Acht Stunden am Tag ging ich arbeiten, damit der Kühlschrank stets gefüllt blieb. Meine Grenzen hatte ich längst erreicht, darüber hinausgegangen war ich auch.

Simon und ich fragten uns oft, warum wir dafür von außen nur selten Interesse gezeigt bekamen. Und wenn es nur ein »Wir fahren in den Zoo, sollen wir die Kinder mitnehmen?« oder ein »Ich hab Lust auf einen Kaffee, du auch?« gewesen wäre. Irgendwas, das uns und vor allem unseren Kindern geholfen hätte, kurz aus dem Alltag auszubrechen. Wir hatten das Gefühl, Kunibert habe einen unsichtbaren Käfig um uns errichtet.

Zum Glück wechselten sich diese Tage voll düsterer Gedanken der Überforderung ab mit Tagen, die deutlich besser waren. Die Blutwerte des Helden blieben stabil, das Myelom war da, aber unter Kontrolle.

Zumindest dachten wir das. Nach wie vor waren wir der festen Überzeugung, dass Simon zeitnah seine Stammzelltransplantation erhielte, er symptomfrei bliebe und wir viele Jahre geschenkt bekämen. Wir hatten keine Ahnung, dass es schon bald ganz anders aussehen würde.

Zwei Tage vor dem Termin beim Standesamt ging ich zusammen mit einer guten Freundin zur letzten Anprobe meines Traum-Brautkleides. Ich wollte es zwar nicht im Amt tragen, jedoch auf der Feier zwei Tage später. Dort wollten wir uns ein zweites Mal frei trauen lassen.

Das Hochzeitskleid passte und wir machten uns auf den Heimweg. Da das Kleid bei einer Freundin deponiert werden sollte, holte uns ihr Mann ab. Auf der Mitte der Strecke meinte unser Fahrer, dass er noch kurz etwas anderes abholen müsste, wir könnten mitkommen oder einen Kaffee trinken gehen. Zufällig standen wir gerade vor dem Café, in dem Simon und ich unser erstes Date gehabt hatten. Natürlich wollte ich dort einen Kaffee trinken, ich liebte den kleinen Laden, es war ein magischer Ort.

Wir stiegen aus, es war ein herrlicher Tag. Wir wollten draußen sitzen, gingen jedoch hinein, um unsere Bestellungen aufzugeben. Während ich einen White Chocolate Mocca orderte, entdeckte ich eine kleine Tafel auf dem Tresen. »Rock dein Leben« stand darauf. Ich wollte sie fotografieren und Simon schicken, da dies neben »Fuck you, Kunibert« in den letzten Monaten unser Lebensmotto geworden war. Während ich das Handy aus der Tasche zog, hörte ich im Hintergrund plötzlich leise den Song *Marry You* und erzählte meiner Freundin, dass es dazu viele Videos im Internet gebe, Videos mit superromantischen Heiratsanträgen. Simon und ich hatten vor einigen Monaten einfach beschlossen zu heiraten, weil es der richtige Zeitpunkt gewesen war. Keiner hatte keinen gefragt.

Wenig später stellte die Bedienung meinen Kaffee vor mir ab. »Ein White Chocolate Mocca für Ines«, sagte sie, und ich fragte mich, wann ich der Barista meinen Namen gesagt hatte und seit wann sie in diesem Laden überhaupt die Vornamen ihrer Gäste verwendeten. Das kannte ich sonst nur von amerikanischen Ketten. Während ich noch überlegte, trat meine Freundin drei Schritte zurück und zückte ihr Handy. Die Barista lächelte merkwürdig.

Dann fiel mein Blick das erste Mal auf meinen Kaffeebecher. Moment. Da stand etwas drauf. »Liebe Ines, willst du zusammen mit mir das Leben rocken? Ich liebe dich.« Okay. Ich spürte, wie mein Gesicht rot wurde, wie warm sich mein Bauch anfühlte und wie nervös sich meine Füße hin- und herbewegten. Ich sah mich um, *Marry You* im Hinter- grund wurde lauter. Und dann stand er plötzlich vor mir: mein Held. Mitten in diesem Café kniete er vor mir nieder und konnte kaum sprechen. Ich hielt meine Hände vor den Mund und konnte nicht glauben, was hier gerade geschah. Niemals hätte ich mit einem Antrag gerechnet, und mit so einem schon gar nicht.

Simon sprach von den letzten Jahren, von Dankbarkeit und sagte, wie sehr er mich liebe. Zwei Tage vor unserem Termin beim Standesamt fragte er mich, ob ich ihn heiraten wollte. Es war ein Moment, den ich nie vergessen werde. Ich stand da, mit meinen roten Sommerschuhen und Kinder- sabber von der Arbeit auf meinen Klamotten. Ich nickte, zu mehr war ich nicht in der Lage.

Zwei Tage später heirateten wir. Plötzlich trugen wir den gleichen Nachnamen. Wir dachten, dass dieser Tag hauptsächlich bürokratisch sein werde, da wir ja erst zwei weitere Tage später feiern wollten. Morgens aber brauchte ich ewig im Badezimmer, meine Haare wollten nicht so wie ich. Simon lief nervös und leise singend durch unser Haus. Schließlich standen wir vor der Standesbeamtin und unter- schrieben die Eheurkunde. Wir waren Mann und Frau. Ja, es war bürokratisch. Gleichzeitig jedoch war es fantastisch. Wir waren nun ein Wir, auch auf dem Papier, und in diesem Moment wussten wir nicht mehr, warum wir so lange damit gewartet hatten. Es war grandios, es war innig, es war unser »Wir-Tag«. Ich hielt Simons Hand, die genauso zittrig war wie meine. Kunibert, du kannst uns mal, dieser Tag gehörte uns, nicht dir. Es war wie ein Traum, es war zu schön, um wahr zu sein. Dieser Tag war alles.

Wir verließen das Rathaus, umarmten uns und konnten immer noch nicht glauben, dass wir gerade geheiratet hatten.

»Wow, jetzt bin ich wirklich der Herr Gillmeister«, sagte Simon und wiederholte es immer wieder. »Das ist ein toller Name, und ich bin stolz, ihn tragen zu dürfen.«

Im Einkaufszentrum nebenan machten wir unsere Hochzeitsfotos in einem Fotoautomaten. Die Passanten, die währenddessen daran vorbeigingen, müssen sich über das unkontrollierte Gekicher und das wilde Lachen gewundert haben. Vermutlich glaubten sie, zwei zum ersten Mal verliebte Teenager machten hier alberne Knutschfotos. Und genauso fühlten wir uns. Jung, unbeschwert und voller Leben.

Zwei Tage später wurden wir ein zweites Mal getraut. Dieses Mal mit Frack und Brautkleid. Mit Blumenkindern, vielen Gästen, einer freien Rednerin und einer Hochzeitstorte. Alle hatten sich Mühe gegeben, als Superhelden zu kommen, es flogen viele Luftballons in den Himmel und wir feierten, als gäbe es kein Morgen. Simon ging es gut. Wir lachten viel, tanzten und dankten dem Himmel, dass er unseren Helden noch nicht zu sich geholt hatte.

Wir lasen uns unsere Eheversprechen vor, die wir selbst geschrieben hatten. Als Simon mit dem Papier in der Hand vor mir stand und seins mit ruhigen Worten vortrug, kämpfte nicht nur ich mit den Tränen.

Simon hat mir erlaubt, seine Worte aufzuschreiben.

»Liebste Ines,

ich bin glücklich, heute mit dir hier zu stehen, als dein Mann, dein Held und dein Freund. Das Schicksal hat es diesmal gut gemeint mit uns. Danke *Berliner Kurier* – Kunibert, du kannst uns mal!

Als wir vor zwei Tagen im Standesamt waren, habe ich ein unbeschreibliches Gefühl erfahren, das ich so nicht erwartet hatte. Es fühlt sich so richtig an. Und hätte schon viel früher sein sollen – entschuldige, mein Schatz.

Durch den gemeinsamen Namen bilden wir vier jetzt eine Familie, eine Einheit, ein Wir. Das bedeutet mir sehr viel. Du weißt ja, ich grinse die ganze Zeit. Ines, ich liebe dich.

In Anlehnung an Harry und Sally; meine liebste Frau.

Ich liebe Dich dafür, dass ...

du nervös hin- und hertänzelst,

du mir Karamellstückchen übrig lässt, wenn wir Ben & Jerry's-Eis essen,

du den Wald vor lauter Bäumen nicht siehst,

du dich trotz meiner Ecken und Kanten noch nicht schwer verletzt hast,

deine Augen lachen können, das verzaubert mich!

Du niemals müde bist, sondern nur deine Augen ausruhst,

du mit mir gemeinsam den doofen Kunibert in den Arsch trittst, denn Cancer is an Asshole!

Du kämpfst wie ein Superheld, wenn es darauf ankommt; sonst wären wir heute nicht hier. Danke dafür.

Und ich werde weitere Dinge finden. Wir haben viel durchgemacht, wir waren oft nicht einer Meinung; harmlos ausgesprochen. Das Schicksal hat nicht immer einen Bogen um uns gemacht, und trotzdem ... ich will dich, und das noch ganz lange.

Wie unsere Zukunft aussieht, weiß ich nicht, wie weit unsere Zukunft gehen wird, weiß ich auch nicht. Aber ich möchte sie mit dir verbringen und die Abenteuer des Lebens mit dir erleben und mit dir versuchen, alle Hürden zu meistern.

Liebste Ines, meine Superheldin, endlich sind wir Mann und Frau, ich vertraue mich dir an. Lass uns das Leben gemeinsam rocken!

Ich liebe Dich!«

# Kuniberts Erwachen

Einige Tage nach unserem Lebensfest fuhren wir zusammen mit den Kindern in unsere Flittertage. Ein kleines Hotel an der Ostsee. Weiter weg ging nicht, schließlich hatten wir Kunibert im Gepäck. Doch uns war egal, wo wir waren oder wie das Wetter sein würde. Wir waren jetzt die Gillmeisters, alles andere war zweitrangig.

Das Wetter war tatsächlich nicht immer das beste, dennoch saßen Simon und ich mit dicken Jacken am Strand, während unsere Kinder tatsächlich ins Meer sprangen, matschten und immer wieder betonten, dass es der beste Urlaub überhaupt sei.

Nach unserer Rückkehr fand in Berlin eine zweite Registrierungsaktion zusammen mit der DKMS statt. Dieses Mal eine kleinere. Danach folgten Aktion drei und vier. Doch noch immer ergab der Spendersuchlauf kein Ergebnis.

Eines Nachmittags saßen wir mit Bekannten zusammen und das Paar erzählte von seiner Hochzeit und wie alt sie seien, wenn sie Silber- und Goldene Hochzeit feierten.

»Mama und Papa haben auch gerade geheiratet«, sagte Leo. »Das war so schön.«

»Ja«, pflichtete Emma bei, »am besten heiratet ihr in fünf Jahren wieder, dann können wir noch mal feiern.« Sie strahlte uns an.

»Jaaa!«, freute sich auch Leo. Die beiden sprangen auf und rannten in den Garten.

Simon und ich sahen zu Boden. Dann guckte ich meinen Mann an. Er biss sich auf die Lippe, seine Hände ballten sich zu Fäusten. Er versuchte zu lächeln, es ging nicht. Keine Spur von seinem wunderschönen Fotolächeln. Er konnte es einfach nicht.

Mir entglitten die Gesichtszüge erst, als der Blick des Paares auf uns fiel. »Habt ihr euch schon ausgerechnet, wie alt ihr bei eurer Silberhochzeit sein werdet?«

Bähm ... volle Breitseite in unser Gesicht. Simon fing an, auf seinem Stuhl hin- und herzurutschen. Das tat er immer, wenn er am liebsten schreiend davon gelaufen wäre, der Anstand es aber nicht zuließ. Ich wünschte mir mein beigefarbenes Kunstledersofa mit dem Kugelschreiberstrich zurück, nur um es anzubrüllen. Dummerweise hatten wir es vor einem Jahr entsorgt. Mist.

»Nein«, antwortete ich, sah erneut zu Simon und fuhrt fort: »Aber wir müssen langsam nach Hause, ich muss noch kochen. Wolltest du mir nicht beim Gemüseschnippeln helfen, damit es schneller geht?«

Simon nickte, dankbar, die Situation verlassen zu können. Zu Hause ging er in die Küche und griff nach dem Gemüsemesser. Ich nahm es ihm aus der Hand, sagte den Kindern, dass wir heute spontan einen Kinoabend machten und sie sich schon mal eine DVD aussuchen sollten. Die Wahl fiel wie üblich auf die blonde Hexe und ihre rothaarige Freundin. Wir kuschelten uns auf das Sofa und bestellten Pizza und Pommes. Wir hielten die Zeit an, wenigstens für diesen Abend. Was interessiert mich morgen, wenn ich heute habe? Wir sprachen nicht viel, sondern konzentrierten uns darauf, das Atmen nicht zu vergessen. Das reichte für den Moment.

Nach einer Klopause sagte ich zu meinen drei Lieblingsmenschen: »Wisst ihr was, was haltet ihr davon, wenn wir unseren Hochzeitstag monatlich feiern, nicht jährlich? Dann müssen wir nicht so lange auf unsere Silberhochzeit warten.«

Meine Idee fand Anklang. Die Kinder fanden es super, bemerkten allerdings gleich, dass es dann auch jedes Mal Kuchen geben müsse. Simon lächelte und versprach nicht nur Kuchen, sondern auch Donuts. Mit Streuseln versteht sich. Donuts und Eis, jede Menge davon.

Apropos – ich holte eine Familienpackung Eis aus dem Eisfach und aus dem Regal vier Löffel. So saßen wir da, guckten uns den Film an und freuten uns auf unseren ersten Hochzeitstag in wenigen Wochen. Kunibert, du kannst uns mal.

Eines der Kinder, oder vielleicht war ich es sogar selbst, tropfte mit dem Eis auf unser neues graues Stoffsofa. Simon bekam Schnappatmung, ich hingegen winkte ab: »Ist nicht schlimm, ich mach es später weg.« Bis heute habe ich den Fleck nicht entfernen können, sondern lediglich gekonnt ein Kissen drübergelegt. Mein beigefarbenes Kunstledersofa mit dem Kugelschreiberunfall hatte einen Nachfolger bekommen. Nur so, für den Notfall.

Am 24. Juli feierten wir tatsächlich unseren ersten Hochzeitstag, blieben 24 Monate bis zur Silberhochzeit.

Da Simons Blutwerte nur einen langsamen Anstieg zeigten, hatten sich die Ärzte für Watch-and-Wait entschieden. Das hieß, sie warteten erst einmal ab, bevor sie weitere Schritte planten. Simon musste nun wieder öfter zu Blutkontrollen, sonst änderte sich vorerst nichts.

In unseren Köpfen hingegen schon. Die Zeit schien noch ein wenig schneller zu laufen. Wir versuchten dennoch, den Alltag zu wahren und nicht in Panik auszubrechen. Spontan entschieden wir uns, erneut an die Ostsee zu fahren, solange Simon noch symptomfrei war. Auf unserer Bucket List stand, dass wir mit einem Wohnmobil durch Deutschland fahren wollten und überall bleiben, wo es uns gefiel. Aufgrund der aktuellen Situation modifizierten wir diesen Punkt ein wenig und suchten uns einen Campingplatz mit fest installierten Wohnwagen.

Wenige Tage vor der Abfahrt erhielt ich über die Kontaktseite meines Blogs eine E-Mail mit einer Anfrage für eine Werbe-Kooperation. Es war nicht das erste Angebot dieser Art, denn der Blog erfreute sich mittlerweile einer recht guten Reichweite. Bisher hatte ich alle Anfragen abgelehnt, weil ich nicht kommerziell bloggen wollte und es überdies thematisch nicht gepasst hätte. Mit diesem Angebot jedoch konnte keines zuvor mithalten.

Ich öffnete das Postfach, sah den Absender und die Betreffzeile. Ich las die E-Mail, immer und immer wieder. Dann noch mal und noch mal. Ich konnte einfach nicht glauben, was da stand.

Simon bemerkte, dass ich ungewöhnlich lang und ungewöhnlich still auf meinen Bildschirm starrte. Mit seiner Lieblings-*Star-Wars*-Tasse in der Hand kam er näher und wollte wissen, ob alles okay sei.

»Moment, nur kurz«, sagte ich, klappte meinen Laptop zu, legte meinen Kopf darauf ab und zählte bis zehn. Dann klappte ich ihn wieder auf und öffnete das Postfach erneut.

Simons Blick wurde immer besorgter, wahrscheinlich hielt er mich für irre.

Ich befeuchtete meine Lippen, trank einen Schluck Wasser und las ihm die Nachricht vor. Simon zog sich einen Stuhl heran und setzte sich zu mir an den Tisch. »Das ist ja unglaublich, meinst du, dass die das ernst meinen?«

»Ich hab keine Ahnung.«

Die E-Mail stammte von einer Modekette für Frauen und Kinder. Sie planten ein Bloggerevent im Eurodisneyland Paris bei Mickey Maus und Elsa. Und sie luden uns ein, dabei zu sein, in einem Luxushotel, das zum Park gehörte. Die einzige Bedingung: Ich sollte darüber bloggen und im Park die Klamotten der Modekette tragen, die sich die Kinder und ich uns vor Ort im Showroom aussuchen durften.

Kunibert, du kannst uns mal so richtig!

Zunächst stand aber erst mal unser Kurztrip an die Ostsee an. Besonders Leo freute sich darauf. Wir waren mit ihm noch nie auf einem Campingplatz gewesen, und in einem »Wohnauto« wollte er schon lange einmal schlafen. Die Einhornbändigerin zeigte weniger Begeisterung und durfte solange zur Oma nach Bayern fahren.

An der Ostsee erwartete uns ein wahnsinnig schöner Campingplatz mitten im Wald mit riesigem Spielplatz, einer unheimlich netten Kinderanimation, Kinderdisco, einem Restaurant und einem kleinen Laden. Es gab einen kleinen Strand, naturbelassen, niemals überfüllt und immer sauber. Besonders der kleine Batman liebte ihn und verbrachte Stunden damit, im Sand zu buddeln und Burgen und Kanäle zu bauen. Es war sonnig, warm und der Meereswind wehte durch unsere Haare. Bei einem Spaziergang an der Steilküste entdeckten wir eine Stelle, an der man zu einem kleinen, versteckten Steinstrand hinunterklettern konnte, wo es eine umgekippte alte Baumwurzel gab, ganz viel Schilf und kleine Blumen an einer mit Gras bewachsenden Stelle. Wunderschön!

Außer uns war niemand dort. Der Held und ich versuchten, aus herumliegenden Stöcken und Schilf ein Floß zu bauen. Währenddessen fühlte sich der kleine Batman wie auf einer Prateninsel, auf der es selbstverständlich mindestens einen Schatz geben musste. Am nächsten Tag machten wir uns via Geocaching auf die Suche. Und siehe da: Auf einer großen Wiese fand der kleine Batman seinen Schatz, seinen ersten Cache.

Mit unseren Nachbarn hatten wir ebenso Glück. Ein junges Paar mit zwei Jungs im Alter von vier und sechs, denen sich Leo sofort anschloss. Je später der Tag und je dunkler der Abend wurde, desto mehr Spaß hatten sie. Die Kinder liefen mit Walkie-Talkies und Taschenlampen über den Campingplatz. Unser Heldensohn war stolz, dass er so viel allein machen durfte, und wirkte mit einem Mal ganz groß. Zu Hause war er ein schüchternes und zurückhaltendes Kind, das bei Überforderung zu Wutanfällen neigte. Nun sprach er Kinder an, tobte und spielte die ganze Zeit. Ich hatte ihn lange nicht mehr so ausgeglichen, entspannt und auch wahnsinnig glücklich gesehen.

Auch Simon und ich tankten eine gehörige Portion Glück und luden unsere Akkus auf. Der Campingplatz wurde zu einem Zauberort für uns, und wir wollten unbedingt wieder dorthin, möglichst bald. Wir konnten schwer planen und dachten nicht an nächstes Jahr. Wir wollten alles jetzt, solange es die Umstände noch zuließen. Also buchten wir noch vor Ort den nächsten Aufenthalt. Ob es klappen würde, wussten wir nicht, doch wir hofften, dass das frühe Anmelden ein gutes Omen war.

Zurück zu Hause erwartete uns der nächste Termin beim Onkologen – und mit ihm die schlechte Nachricht: Kunibert war weitergewachsen, Watch-and-Wait nicht mehr machbar. Ohne Behandlung würde Simon erneut Symptome bekommen. Das Ding in seinem Kopf würde wachsen und das Blut wäre irgendwann überschwemmt mit Krebszellen, die das blutbildende System lahmlegten. Unser Held würde starke Schmerzen bekommen, mentale Aussetzer und instabile Knochen. Für eine Stammzelltransplantation war es zu diesem Zeitpunkt zu spät – zunächst musste Kunibert ein weiteres Mal in den Winterschlaf geschickt werden. Wenn das erreicht war, konnte man erneut darüber nachdenken – sofern wir bis dahin endlich Simons genetischen Zwilling fanden.

Vorerst entwickelten die Ärzte den Plan der Erhaltungstherapie, bei der sie ein vielversprechendes Medikament einsetzen wollten, das schon jeder Menge anderer Patienten geholfen hatte. Es ging dabei darum, Kunibert an der weiteren Ausbreitung zu hindern, ohne Simons Organismus durch weitere Chemozyklen zu schwächen.

»Das wird schon«, sagten wir uns, nicht ohne eine leise Verzweiflung zu spüren. Wenigstens durften wir in Absprache mit den Ärzten unsere Reise zu Mickey Maus und seinen Freunden antreten. Man kann darüber denken, was man will, im Nachhinein jedoch war es die einzig richtige Entscheidung!

Für Leo bedeutete der Trip seinen ersten Flug. Während Simon und ich mit dem Druckausgleich in unseren Ohren kämpften, jubelten die Kinder und feuerten das Flugzeug an: »Höher, schneller, noch höher!«

Wir schliefen in einem Luxushotel und aßen vom größten Buffet unseres Lebens. Wir genossen ein privates Date mit Mickey und feierten unsere VIP-Armbänder, die uns so einiges ermöglichten. Von den besten Plätzen aus verfolgten wir die große Parade und beobachteten eine gigantische Lichtshow. Es war großartig.

Auch hier hatten wir natürlich Kunibert mit im Gepäck. Er war immer mit. Und trotzdem, wir waren unterwegs und sammelten Erinnerungen, so viele wie noch nie zuvor. Es war der Sommer, nein, das Jahr unseres Lebens. Das Jahr 2017 schenkte uns so unglaublich viel, dass es kaum in Worte zu fassen ist. Noch nie zuvor fühlten wir mehr, lebten wir mehr und waren uns dennoch stets bewusst, wie endlich das Leben ist.

Zurück zu Hause erreichten mich großartige Nachrichten. Einige Menschen, die sich während der großen DKMS-Aktion registriert hatten, hatten Post bekommen. Sie kamen in die engere Auswahl; nicht für Simon, aber für andere Patienten auf dieser Welt. Gleichzeitig erfuhr ich, dass es einen bestätigten Stammzellspender gab, der sich ebenfalls während unserer Aktion registriert hatte. Inzwischen weiß ich, dass im Verlauf der letzten anderthalb Jahre insgesamt sechs Stammzellspender aus den Aktionen und den Registrierungen, die mein Blog anstieß, hervorgekommen sind. Unser Held ist ein Held. Durch seine Geschichte haben sechs Menschen weltweit die Chance auf ein längeres Leben bekommen.

Kunibert, du kannst uns mal!

# Plan B

Die Wochen verstrichen, zwischendurch überlegten die Ärzte, die Erhaltungstherapie noch etwas hinauszuzögern, da sie nicht ganz risikofrei war. Die Myelomzellen in Simons Blut vermehrten sich nur langsam, Kunibert zeigte sich schwach. Unser Held fühlte sich recht gut und wollte trotz Rezidiv wieder arbeiten gehen. Seine Psyche hatte es bitter nötig, da er schon immer ein Mann gewesen war, der nicht nur zu Hause rumsitzen wollte. Nach einigen Bedenken gaben die Ärzte grünes Licht, Simon war stolz und fühlte sich nützlich. Für nichts kämpfte er mehr als für die alltäglichen Dinge. Und für einen kurzen Moment lebten wir tatsächlich erneut so etwas wie Alltag. Die Kinder gingen in die Kita bzw. Schule und wir zur Arbeit. War einer der Minihelden krank, so zogen wir Strohhalme, und wer den kürzeren erwischte, musste zu Hause bleiben.

Wir wussten, dass die Erhaltungstherapie irgendwann auf uns zukäme und dass eine Stammzelltransplantation aktuell nicht möglich war. Aber wir dachten an den wunderbaren Sommer, der hinter uns lag und der so perfekt gewesen war. So würde es weitergehen, die Erhaltungstherapie, Plan B, würde wirken. Ganz sicher.

Nach vielen Arztgesprächen und noch mehr Aufklärungsbögen startete der neue Therapieansatz im Oktober. Der Beipackzettel des Medikaments war riesig, und ich nahm ihn Simon aus der Hand, bevor er ihn studieren konnte.

»Du denkst zu viel«, sagte ich. »Wenn du erst mal gelesen hast, was dir alles passieren kann, schläfst du nicht mehr ruhig. Also gib mir den Zettel, und ich sage dir, sobald du unter irgendwelchen Nebenwirkungen leidest.«

Neben dem Hauptmedikament musste Simon einmal täglich einen Blutverdünner einnehmen, der Thrombosen vorbeugen sollte. Zusätzlich bekam er zwei verschiedene Antibiosen, da das Medikament zur Erhaltung das Immunsystem dämpfen konnte, sodass Simon wieder anfälliger wäre für diverse Keime und Bakterien. Insgesamt musste unser Held bis zu sechs Tabletten täglich schlucken. Ihm fiel es schwer, diese Behandlung zu akzeptieren, und obwohl ich ihm verboten hatte, die lange Liste zu lesen, fürchtete er die Nebenwirkungen.

Auch ich hatte das erste Mal seit einigen Monaten wieder Angst. Plötzlich sprachen wir über Patientenverfügungen und ein Leben »danach«.

Als ich eines Abends Emma ins Bett brachte, erzählte sie mir von einem Sponsorenlauf, der bald in der Schule stattfinden sollte, und dass sie mitlaufen wollte. Ich nickte und versprach ihr für jede Runde, die sie lief, fünf Euro für den Förderverein der Schule.

»Geht nicht auch was anderes, Mama?«, fragte sie.

»Was meinst du?«

»Na ja, ich habe doch so viel trainiert und würde gern mehrere Dinge unterstützen. Das Tierheim zum Beispiel.« Sie sah mich an. »Und ich möchte für den Verein laufen, der uns helfen wollte, neues Blut für Papa zu finden. Vielleicht klappt es ja doch noch.«

Ich wusste in diesem Moment nicht, was ich sagen sollte. Ich wollte nicht, dass sich unsere Tochter über so etwas Gedanken machen musste. Auf der anderen Seite war ich mächtig stolz. Ich sagte ihr, dass Simon und ich das besprechen würden.

Simon war gerührt und zeitgleich erschrocken, welchen Einfluss seine Erkrankung und unser Umgang damit auf unsere Tochter hatte. Emma war neun Jahre alt und sollte darüber nachdenken, welches Kuscheltier sie abends mit ins Bett nehmen wollte, statt im Internet nach dem Begriff »Blutkrebs« zu suchen. Und schon gar nicht sollte sie sich darüber Gedanken machen, wie sie Simon und anderen Patienten helfen konnte. Wir redeten darüber, wie Kunibert unseren Kindern ein Stück Kindheit und Naivität raubte.

Schließlich schlugen wir Emma vor, dass wir pro Runde, die sie während des Sponsorenlaufes zurücklegte, jeweils fünf Euro an die DKMS und an den Tierschutz spendeten. Sie war begeistert.

»Du weißt schon, dass du einen Hunderter los bist, wenn sie zehn Runden läuft?«, fragte mich Simon am Abend vorher noch einmal.

»Ach was«, erwiderte ich. Denn ich kannte unsere Tochter und wusste, dass ihr Ehrgeiz in Sachen Sport ähnlich wie meiner war – wenig ausgeprägt. Sie konnte nichts dafür. Sie hatte meine Gene.

Was soll ich sagen? Emma lief zwanzig Runden à fünfhundert Meter für den Sponsorenlauf. Sie war das einzige Kind, das pünktlich um 15 Uhr losrannte und erst stehen blieb, als der Lauf um 18 Uhr endete. Während der ganzen Zeit stand ich an der Strecke, besorgte und reichte ihr Getränke. Nach jeder Runde rief ich unserer Tochter zu, dass sie aufhören sollte, wenn sie nicht mehr konnte. »Wir sind jetzt schon so wahnsinnig stolz auf dich!«

Emmas einzige Reaktion war ein Lächeln und ein Daumen nach oben. Sie lief, als gelte es ihr Leben. Ich war fassungslos. Simon war fassungslos. So ziemlich jeder war fassungslos. Sie lief nicht um ihr Leben, unsere Tochter lief um das Leben von Simon. Ich überlegte in jeder Sekunde, wann sie diese Beschützerrolle eingenommen hatte und wie ich ihr endlich bewusst machen konnte, dass das nicht ihre Aufgabe war. Sie hatte miterlebt, wie sehr wir uns für diesen Verein eingesetzt hatten, und eiferte uns nach, obwohl ich das immer verhindern wollte.

Wir hielten unser Versprechen und überwiesen das Geld, das Emma sich erlaufen hatte. Allerdings auf zwei Monate verteilt – auf einmal wäre die Summe zu groß gewesen.

Es blieb nicht bei dem Sponsorenlauf. Halloween stand vor der Tür und Emma hatte eine weitere Idee. Jedes Jahr freute sie sich ab Sommer darauf. Sie plante die Deko, ihr Kostüm und welche Strecke wir liefen. Sie schminkte ihren Bruder besser, als ich es je gekonnt hätte. In diesem Jahr wollte sie mehr. Ein paar Tage vor dem 31. kam sie zu mir und fragte: »Mama, können wir zu Halloween ein paar Sachen backen? Gruselige Muffins und Kekse oder so? Ich würde sie gern verkaufen, weißt du. Und das Geld gebe ich den Menschen, die helfen, neues Blut für Krebspatienten zu finden.«

Ich war erschrocken und stolz zugleich.

Am Dienstag war Halloween, Montag backten wir, Dienstagvormittag ebenfalls. Abends stand die Einhornbändigerin mit ihrem eigenen Stand auf der Straße und verkaufte Darth-Vader-Küchlein, Käfer-Donuts, Brownies mit Gesicht und anderes Gebäck der Finsternis. Sie wartete nicht darauf, dass die Leute, die vorbeikamen, stehen blieben, nein, die ehemals schüchterne Heldentochter sprach die Passanten an, warb für ihre Kuchen und erklärte, wofür sie sie verkaufte. Das Geschäft lief großartig, und später erzählte mir Emma stolz, dass einige Kunden sogar mehr bezahlt hatten als der Kuchen kostete. Andere gingen noch mal nach Hause, um Geld zu holen.

Eine Stunde lang stand die Einhornbändigerin in der dunklen Kälte, immer ein Lächeln im Gesicht, und verdiente knapp fünfzig Euro. Fünfundzwanzig davon gingen an die DKMS, den Rest behielt sie.

Irgendwann bemerkte Simon die ersten Begleiterscheinungen der neuen Therapie. Er war schnell gereizt, litt unter Antriebsschwierigkeiten und hatte Probleme mit dem Kurzzeitgedächtnis. Wir nannten es das »Chemobrain«. Kleine Memozettel im Haus halfen dabei, den Alltag zu meistern. Wir gingen davon aus, dass diese Nebenwirkungen vorübergehender Natur waren und bald verschwänden. Simon ging weiterhin arbeiten, es klappte ganz gut.

Unsere Kinder fragten hin und wieder nach Kunibert und ob er nun endlich weg sei. Jedes Mal versuchte ich ihnen etwas zu erklären, was ich selbst nicht verstehen mochte. Ich sagte ihnen, dass der Papa ein Medikament bekomme, das die Krabbe müde machen und sie in einen Winterschlaf versetzen solle. Kunibert würde nie ganz verschwinden, aber wir hofften, dass er tief genug einschlief, damit der Papa keine Schmerzen bekäme.

Simon wich Gesprächen über Kunibert nicht nur gegenüber den Kindern aus. Auch mit mir redete er selten darüber. »Die Erhaltungstherapie wird schon wirken«, lautete sein Credo. »Über alles Weitere reden wir ein andermal.« Ich glaube, er wollte bis zum Schluss nie wahrhaben, welches Endresultat die Krabbe irgendwann unweigerlich mit sich brachte. Eine Zeit lang ärgerte ich mich darüber, weil ich nicht verstehen konnte, warum sich Simon nicht wenigstens um die wichtigen Dinge kümmerte. Wir hatten uns ein Formular für eine Patientenverfügung geben lassen, aber das staubte unausgefüllt im Schrank ein. Wichtige Unterlagen flogen im Haus umher, Bankvollmachten und Ähnliches waren nur Objekte meiner Fantasie.

Stattdessen redete Simon von einem dritten Kind und wie schön es wäre, noch mal ein Baby im Haus zu haben. 2012, kurz nach der Erstdiagnose und vor der ersten Chemo, hatte er seine Samenzellen einlagern lassen, damit das Erbgut unbeschädigt blieb. Sie lagen noch immer eingefroren, für viel Geld. Ich fragte ihn oft, warum er den Vertrag nicht kündigte. Wir hatten immer drei Kinder gewollt, allerdings war es für mich aus ethischen Gründen nicht mehr vertretbar, uns diesen Wunsch zu erfüllen. Selbst wenn die Erhaltungstherapie wirkte, würde Kunibert meinen Helden irgendwann mit sich reißen. Hätten wir ein drittes Kind gezeugt, wäre das im vollen Bewusstsein geschehen, eine Halbwaise in die Welt setzen. Ich konnte das nicht. Ich konnte mir schon nicht vorstellen, wie diese Zukunft für unsere ersten zwei Kinder werden würde – und dann auch noch ein drittes? No Way!

Wir stritten in dieser Zeit relativ häufig, auch über die Kinderfrage.

»Ich habe nicht vor, so bald zu sterben«, warf Simon mir an den Kopf. »Ein drittes Kind ist absolut denkbar.«

Ich sah das anders. Manchmal hatte ich das Gefühl, dass unser Held dieses Kind um jeden Preis wollte, einfach nur, weil sein ursprünglicher Lebensplan das so vorgesehen hatte. Simon war dabei, Kunibert erneut zu vergessen, obwohl das Vieh doch so deutlich spürbar war, und je entspannter er wurde, desto weniger war ich es. Mich machte sein Verdrängen nervös, weil ich befürchtete, dass unser Held eine weitere Niederlage möglicherweise nicht verkraften würde. Ich sorgte mich; darüber gesprochen haben wir nicht.

Es wurde Dezember, die Adventszeit war schneller da, als wir dachten. Emma und Leo malten bzw. schrieben ihre Wunschzettel. Lego stand ganz oben, darunter ein besserer Bogen zum Pfeilescheßen und eine Lupe. Ich war erleichtert, dass keines der Kinder »Neues Blut für Papa« notiert hatte, so wie sie es dieses Jahr beim Osterhasen erbeten hatten. Das war ein gutes Zeichen, in ihren Köpfen war wieder Platz für andere Dinge, großartig!

Am 14. Dezember waren wir neun Jahre zusammen. Unglaublich, wie schnell die Zeit vergangen war. Nicht mehr lange und wir rundeten das erste Mal. Gefühlt waren wir »seit immer« zusammen. Im Dezember begingen wir auch unseren sechsten Hochzeitstag, da wir nach wie vor jeden Monat feierten. Für uns war es jedes Mal eine Erinnerung an einen der schönsten Tage unseres Lebens. Um nicht zu vergessen, dass wir neben dem Elterndasein von zwei wundervollen Kindern und dem Therapiemarathon auch noch ein Paar waren, versuchten wir, jeden Monat am 24. einen

Babysitter zu organisieren, sodass wir ausgehen konnten. Unser Ziel war die Silberhochzeit. Sechs Hochzeitstage hatten wir bereits, 19 fehlten noch. Das sollte doch möglich sein!

Im Dezember fiel unser Hochzeitstag auf Heiligabend, und wir gingen nicht aus, sondern verbrachten einen ruhigen und familiären Tag zu Hause. Es war ähnlich friedlich wie im Jahr zuvor. Im Haus roch es nach Plätzchen und Lebkuchen, im Hintergrund lief eine Weihnachts-CD, die sogar ich leiden konnte. Die Kinder packten aufgeregt ihre Geschenke aus.

An diesem Tag stritten wir nicht. Wir liebten uns einfach nur. Am Abend bestellten wir Essen und sahen uns alle zusammen eine DVD an. Ich kuschelte mich rechts an Simons Brust. An seine linke Seite schmiegte sich Emma. Leo lag quer über uns. Es war bestimmt ein lustiges Bild, schade, dass wir kein Foto davon machten.

Am 30. Dezember feierte Simon seinen 37. Geburtstag. Dieses Jahr war es besonders schön. Es gab erneut eine *Star-Wars*-Torte, noch größer als das letzte Mal, viele Luftballons, noch mehr Karten und ein schönes Zusammensein mit der Familie. Am Vorabend schmückte ich das Wohnzimmer mit Girlanden, Papierblumen und kleinen Jedi-Rittern, dass es aussah wie in einem Laden für Partybedarf. Normalerweise tat ich das nicht in diesem Umfang, obwohl ich es mir schon oft vorgenommen hatte – jedes Jahr war ich zu früh eingeschlafen. Dieses Mal sollte es anders werden. Ich stellte mir einen Wecker. Ich kann nicht mehr sagen warum, aber dieses Jahr war es mir besonders wichtig.

Silvester besuchte uns eine gute Freundin samt Tochter. Die Stimmung war ausgelassen und befreit. Die Kinder bekamen Knicklichter und formten grell-bunte Brillen daraus. Statt Blei gossen wir Wachs und rätselten an den Resultaten herum. Um Mitternacht standen Simon und ich draußen, guckten in den Himmel und wünschten uns ein grandioses Jahr 2018. Es sollte mindestens genauso toll werden wie das vergangene. Vielleicht sogar noch etwas besser. Wir hatten bereits viele Ideen und so, so viele Wünsche. Wir stießen an – mit Apfelschorle. Die prickelte genauso gut wie Sekt, war aber alkoholfrei. Simons Medikamente vertrugen sich nicht mit Alkohol, und so gab es seit einem Jahr in unserem Haus nichts Hochprozentiges mehr.

Bald folgte der erste Termin des neuen Jahres in der Transplantationsabteilung der Klinik. Zusätzlich zu den normalen Onkologenterminen stellte sich Simon dort regelmäßig dem Oberarzt vor, der ein Spezialist in Sachen Multiples Myelom und bisher immer recht zuversichtlich gewesen war.

Das änderte sich recht schnell. Die Blutwerte zeigten, dass Kunibert weiterhin zu wachsen schien, was mit dem Präparat zur Erhaltung eigentlich nicht passieren sollte. Zumindest nicht in diesem Tempo.

»Das kann verschiedene Ursachen haben«, erklärte uns der Arzt, während er mit einem Stirnrunzeln die Papiere studierte. »Es könnte sich um Schwankungen handeln, die immer wieder mal vorkommen können.« Da der Wert allerdings seit Wochen anstieg, anstatt Achterbahn zu fahren, war diese Option eher unwahrscheinlich. »Die andere Möglichkeit ist«, begann der Arzt und seufzte, »dass die Erhaltungstherapie nicht wirkt.« Er schob uns ein CT-Bild von Simons Knochen über den Tisch. »Ihr Befund gefällt mir leider gar nicht, Herr Gillmeister. Sehen Sie – die Bilder zeigen zwar keine neuen Knochenverletzungen und keinen Knochenfraß. Die alten Schäden hätten dank Zometa jedoch eigentlich wesentlich besser werden und verheilen müssen. Sind sie aber nicht. Demzufolge scheint das Medikament nicht so zu wirken, wie es sollte.« Der Arzt schüttelte den Kopf, als könne er selbst nicht glauben, was er uns gerade erläuterte. »Wir können noch etwas anderes probieren.« Er erzählte von einem neuen »Knochenaufbau-Zaubermittel«, das noch in diesem Monat zugelassen werden sollte und das in Amerika als recht vielversprechend gehandelt wurde. »Das würden wir Ihnen einmal pro Monat via Infusion verabreichen.«

Bis es so weit war, gab es zwei verschiedene Möglichkeiten, die wir in zwei Monaten, beim nächsten Termin im Transplantationszentrum, besprechen würden, sollte sich der Verdacht bestätigen, dass Kunibert beständig weiterwuchs. Wir konnten die Dosierung der Erhaltungsmedikation erhöhen und sehen, was passierte. Möglichkeit zwei und in meinen Augen irgendwie sinniger wäre eine erneute chemotherapeutische Behandlung, vermutlich zwei Blöcke, um die Anzahl der Krebszellen ein weiteres Mal zu senken, Kunibert wieder etwas müde zu machen. Danach Erhaltung, eventuell mit einem anderen Medikament. Zeitgleich würde der Held noch einmal Stammzellen für sich selbst spenden, die ihm nach einer möglichen erneuten Hochdosis-Chemo zurückgeführt werden konnten.

Nach wie vor kam eine Spende mit fremden Stammzellen nicht infrage. Zum einen fehlte uns immer noch der optimale Spender, zum anderen war Simon rezidiv, das heißt, Kunibert trieb aktiv sein Unwesen, und die Krebszellen in

Simons Blut schwächten den Körper so sehr, dass unser Held die Stammzelltransplantation wahrscheinlich nicht überlebt hätte, da sie einherging mit Medikamenten gegen eine mögliche Abwehrreaktion. Ein Risiko, das der Arzt im Transplantationszentrum medizinisch nicht vertreten konnte.

»Wir müssen warten, bis Sie austherapiert sind«, sagte er und meinte damit, dass es die letzte Option war, wenn nichts anderes mehr half. Dann stünden wir vor einer Hop-oder-Top-Situation, da der Held ohne Behandlung eh keine Zeit mehr hätte und das Risikoabwägen ein ganz anderes sein würde.

Bitte, lieber potenzieller Stammzellspender, ich flehe dich an, bitte lass dich bis dahin finden, dachte ich.

Frustriert gingen wir nach Hause. Es war es ein Desaster, ein riesengroßes. Das konnte alles gar nicht wahr sein.

# Wo ist das beigefarbene Sofa, wenn man es braucht?

Eines Abends lagen unser Held und die Kinder bereits in ihren Betten. Ich konnte jedoch nicht schlafen und erinnerte mich an den Eisfleck auf dem Sofa. Ich suchte und fand ihn und begann, das Sofa zu schrubben. Ich schrie es an, ich schrubbte und schrie wieder. Der Fleck blieb, wo er war. Gegen Mitternacht schlüpfte ich in meine Schuhe und ging joggen. Ich hatte das Gefühl zu platzen. Eine Stunde später war ich zurück und sah mir unser Hochzeitsalbum an. Wie wunderschön mein Held auf diesen Fotos gewesen war, wie unbeschwert und zuversichtlich er lachte. Atemberaubend. Ich sah in den Spiegel und musste feststellen, dass ich in den letzten Monaten um Jahre gealtert war. Obwohl wir so vieles so Tolles erlebt hatten – die Angst um Simon, das Leben mit Kunibert hatten seine Spuren hinterlassen. Meine Augenringe waren nicht mehr zu leugnen, meine tiefen Falten erst recht nicht. Ich dachte an meinen Helden und versuchte mich daran zu erinnern, wann ich das letzte Mal das selige, zufriedene Fotolächeln gesehen hatte. Ich erinnerte mich nicht.

Simons körperlicher Zerfall begann, ob ich wollte oder nicht. Sowohl er selbst als auch ich wollten es allerdings nicht wahrhaben. Der Heldenkörper wurde schwächer und anfälliger für Infekte, trotzdem ging Simon weiterhin zur Arbeit und versuchte, sich nach außen hin nichts anmerken zu lassen. Zu Hause aber brach es oft aus ihm heraus. Nicht in Form von Weinen oder Jammern, nein, es waren wütende Ausbrüche, seine Frustrationstoleranz lief gegen null und schließlich bekamen auch die Kinder seinen Zorn zu spüren. Er schimpfte schneller mit den Minihelden, spielte weniger mit ihnen und war häufig müde. Seine Psyche litt – wer konnte es ihm verübeln? Jedes Staubkorn störte ihn, es war schwierig, seinen neuen, recht hohen Ansprüchen gerecht zu werden.

Wir stritten wieder häufiger. An manchen Tagen musste ich die Kinder vor seinen verbalen Ausbrüchen in Schutz nehmen. Oft war die Stimmung zum Zerreißen gespannt, die Luft brannte, und obwohl wir es unbedingt wollten – wir waren nicht in der Lage, die Situation zu entschärfen. Nicht selten gingen wir unfair miteinander um. Ich schlief auf dem Sofa im Wohnzimmer, und es gab Momente, an denen wir uns gegenseitig am liebsten aus dem Haus geworfen hätten.

Und dann gab es Tage, an denen Simon wieder Simon war und ich wieder Ines. Tage, an denen wir uns daran erinnerten, warum wir geheiratet hatten. Wir liebten uns genauso sehr wie am Tag unserer Hochzeit, auch wenn die ewige Angst, der Frust und die Wut auf Kunibert kurz davor waren, uns zum Kollabieren zu bringen. Kunibert wurde immer stärker, und wir hatten zugelassen, dass er uns zwischenzeitlich völlig vereinnahmte.

Simons Erkrankung sollte uns aber nicht in die Knie zwingen, nicht jetzt, nicht morgen und auch nicht übermorgen. Also verabredeten wir uns zu einem regelmäßigen Date. Jeden Abend um 21 Uhr trafen wir uns für mindestens dreißig Minuten an unserem Esstisch. Manchmal schwiegen wir uns nur an, manchmal konnten wir uns in die Augen sehen, an anderen Tagen nicht. An guten Tagen spielten wir ein Brettspiel oder redeten. Und irgendwann, nach vielen dieser Dates, redeten wir nicht nur, wir sprachen auch miteinander. Das ständige Warten auf neue Blutwerte, das ständige Auf und Ab, das Planen, Umplanen und wieder Neuplanen ..., all das fraß uns schier auf.

»Wir sind gerade so, wie wir nicht werden wollten«, sagte ich zu Simon, und er nickte. Gemeinsam überlegten wir, wie wir aus dieser Situation wieder herauskamen. Als Erstes zog ich vom Sofa zurück ins Schlafzimmer, dann vereinbarten wir ein Codewort, das wir uns gegenseitig sagen wollten, wenn sich einer von uns erneut unfair benahm.

Simon erzählte, wie frustrierend es war, zu spüren, dass sein Körper immer schwächer wurde, dass Kunibert versuchte, alles Gesunde zu verdrängen. Unser Held fühlte sich hilflos, weil es nichts gab, das er dagegen tun konnte.

»Dann muss es manchmal raus«, sagte er mit leiser Stimme. »Auch wenn ich weiß, dass du die Allerletzte bist, die etwas dafür kann.« Er rutschte vom Stuhl, ging auf die Knie und fuhr fort: »Ich möchte dich immer wieder heiraten und wünschte, ich würde es dir jeden Tag sagen.« Er stockte. »Aber ich kann nicht. Kunibert steht mir im Weg.« Simon senkte den Blick und starrte auf seine Hände hinab. »Du hast es nicht sonderlich gut mit mir getroffen. Oh, Ines, es tut mir so leid, dass du das alles durchstehen musst. Das ist so scheiße. Und jetzt waren auch noch die ganze Arbeit, die Vorbereitung und die Aktion mit der DKMS völlig umsonst.« Tränen erstickten seine Stimme.

Ich heulte auch und sagte ihm, dass er aufstehen solle. »Soll ich dir mal was sagen?«, fragte ich. »Wie oft du mich auch fragen würdest, ob ich deine Frau werden will – ich würde jedes Mal wieder ja sagen! Auch wenn wir im Moment häufig mit Streiten beschäftigt sind – das sind nicht wir, das ist Kunibert.« Während ich ihm sagte, dass ich keine Minute der letzten neun Jahre bereute, sah ich meinen Helden an. Ich sah in Augen, die ich nie missen wollte. Ich streichelte ein Gesicht, das ich nie vergessen möchte. Ich hielt eine Hand, die ich am liebsten nie mehr losgelassen hätte. Ich erzählte ihm von der Sonne, die jeden Tag wieder aufging, und sagte, dass es eben manchmal auch dunkle Wolken am Himmel gebe.

»Am liebsten würde ich alle Wolken über dir wegpusten, stattdessen bringe ich selbst hin und wieder neue an. Das tut mir so leid.« Ich entschuldigte mich für gemeine Worte, die ich zwar gesagt, aber längst nicht so gemeint hatte. Nicht nur einmal hatte ich Simon ein »Ich will, dass du gehst« an den Kopf geknallt, ohne es wirklich zu meinen. Im Gegenteil. Wenn ich daran dachte, dass Simon tatsächlich irgendwann gehen musste und das auch noch für immer, bekam ich Angst.

Ich sagte ihm viele Mut machende Dinge: Dass ich fest daran glaubte, dass es ihm bald besser ginge, dass die nächste Therapie mit Sicherheit anschlage und wir unseren ersten großen Hochzeitstag in Hamburg feierten. »Mit tiefen Augenringen werden wir ganz früh morgens auf dem Fischmarkt stehen und die salzige Luft am Hafen auf der Zunge schmecken«, malte ich ihm aus. »Oder wir feiern in Prag, laufen abends über die Karlsbrücke und schauen dem Glitzern des Wassers zu und fahren mit einem Boot.«

Wir lächelten und nahmen uns vor, den Kopf wieder aus dem Sand zu ziehen.

»Und mit Sicherheit war nicht alles umsonst«, fuhr ich nach einer Weile fort, weil mir einfiel, was Simon über unsere Aktion mit der DKMS dachte. »Denk doch mal daran, was wir über meinen Blog mit deiner Geschichte erreicht haben. Deinetwegen konnte anderen Menschen geholfen werden, mein Held, vergiss das nicht.«

»Ja.« Simon nickte. »Du hast recht, es ist schon irgendwie tröstlich, dass es wenigstens für andere gereicht hat.«

Wir redeten über Emmas Engagement, dass sie nicht aufgegeben hatte, die »Menschen, die neues Blut finden wollen«, zu unterstützen, und ich sah, wie Simon neue Zuversicht schöpfte.

»Und vielleicht, ganz vielleicht kommt es ja doch noch zu einer Stammzelltransplantation, wenn Kunibert nur endlich wieder müde gemacht werden kann«, meinte er.

Die Tage vergingen, das Unwohlsein leider nur bedingt. Noch immer kämpfte der Held mit Schmerzen, und ich versuchte, an alternative Schmerzbehandlungen heranzukommen. Wir redeten kaum noch über supertolle Zukunftsvisionen, vielmehr über symptomatische Behandlungen, palliative Dinge und ob es Sinn machte, sich mit dem Thema Hospiz zu beschäftigen.

Die Hilflosigkeit machte mich fertig, und weil ich schon immer ein Mensch war, der nicht NICHTS tun kann, plante ich eine neue Aktion, um Aufmerksamkeit für die DKMS zu erregen und um sie finanziell zu unterstützen. Denn selbst wenn es für uns vermutlich zu spät war (wobei wir nicht bereit waren, die Hoffnung endgültig zu begraben), so konnten wir wenigstens anderen Menschen helfen, ihre Lage zu verbessern.

Also organisierte ich eine Auktions-Aktion zugunsten der DKMS, für die ich einige Kooperationspartner gewinnen konnte. Wieder überwältigte mich die Großzügigkeit, mit der mich manche der Sponsoren unterstützten. Ich rief die Leser meines Blogs dazu auf, ebenfalls mitzumachen und alles zur Versteigerung anzubieten, was ihnen einfiel: Genähtes, Gebautes, einmal Hecke stutzen, ein privater Live-Auftritt der eigenen Band, eine ausgefallene Geburtstagstorte. Egal was. Der Erlös sollte zu einhundert Prozent an die DKMS gehen, und mein Ziel war es, zwanzig neue Typisierungen zu finanzieren, sprich siebenhundert Euro einzunehmen.

Während ich viele Firmen anschrieb und um Sachspenden bat, nahm Kunibert das zum Anlass, sich erneut in den Vordergrund zu drängen. Simons Schmerzen wurden schlimmer und der Onkologe stellte fest, dass unser Held Wasser im Brustkorb hatte. Um schlafen zu können, nahm Simon nachts Morphin. Die Ärzte brachen die Erhaltungstherapie, die so wenig brachte, ab und setzten eine neue Chemotherapie an. Zusätzlich bekam unser Held an einigen Tagen pro Woche hochdosiertes Kortison, was ihn unruhiger schlafen ließ. Hallo Plan C.

Trotz allem ging Simon weiterhin arbeiten, wenn auch mit einer Stundenreduzierung. Unser Held wollte, so lange es ging, seinem Job nachgehen. Gerade erst hatte er neue Dienstkleidung bekommen, auf die er ganz stolz war. Jacken, Hosen und Hemden – überall stand »Simon Gillmeister« drauf. Dass er die Sachen niemals tragen würde, wusste er zu diesem Zeitpunkt noch nicht.

An einem Wochenende hatten wir unser letztes Date außerhalb der Wohnung. Trotz Schmerzen und allgemeiner

Schwäche gingen wir aus. Erst shoppen, was er schon immer lieber mochte als ich. Dafür fuhren wir beide für unser Leben gern Rolltreppe. Ich stand dabei stets eine Stufe über Simon, und wir umarmten und küssten uns. Ich steckte meine Hände jedes Mal in seine Hosentasche, um ihn näher an mich zu ziehen, und Simon hielt mein Gesicht oder umfasste mich. Bei wirklich jeder Rolltreppe, schon immer. Es war vorgekommen, dass wir das Ende der Treppe verpassten und stolperten. Das waren Momente des Glücks für uns. An diesem Tag fuhren wir zwanzig Minuten lang auf derselben Rolltreppe, erst rauf, dann runter und wieder rauf. Die Menschen, die an diesem Tag unterwegs waren und uns sahen, hielten uns bestimmt entweder für verrückt oder für frisch verliebt. Es stimmte, wir waren beides.

Am Abend gingen wir essen, Pasta und Steak. Für Simon gab es Muscheln als Vorspeise. Wir freuten uns über das leckere Essen, wussten unsere Kinder in guten Händen und genossen den Abend.

Die Tage glichen einer Fahrt mit der Achterbahn. Manchmal plagten den Helden Bauchschmerzen und leichte Übelkeit. Irgendwann verschwand der Geschmackssinn und alles schmeckte gleich; nach nichts. Die Haut wurde trockener und auf einem Bein erschien ein unklarer Ausschlag. Die Lymphknoten entlang der Wirbelsäule und im Kopf schmerzten nach wie vor – Kunibert hatte es sich dort gemütlich gemacht und wollte nicht weichen.

Außerhalb unserer vier Wände ließ sich der Held nichts anmerken, innerhalb klappte das nur bedingt. Es gab Tage, an denen lachte er, rissen wir Witze über belanglose Sachen und regten uns über noch belanglosere Dinge auf. Zwischendurch jedoch gab es immer wieder Momente, in denen unser Held von seinen Gefühlen übermannt und von jetzt auf gleich ganz sentimental wurde.

Eines Tages saßen wir beim Abendbrot und die Einhornbändigerin erzählte uns plötzlich:»In der Schule fragen sie oft nach dir, Papa, und wollen wissen, ob es dir besser geht und du wieder gesund wirst.« Durch die große DKMS-Aktion im letzten Jahr wussten viele Kinder von uns und unserer Geschichte.»Du bist doch wieder gesund, oder?«

Simon war sprachlos und rang sichtlich nach Fassung.

»Kunibert wird nicht gehen«, sagte ich zu Emma.»Es wird immer Tage geben, an denen es Papa gut geht, aber manchmal geht es ihm nicht so gut.«

»Aber sterben wirst du nicht, oder?«, wandte sich die Heldentochter direkt an Simon. Er schwieg.

»Wir müssen alle irgendwann sterben«, versuchte ich die Frage zu umschiffen.»Und niemand weiß, wann das sein wird.«

Auf meinem Blog bat ich alle, die uns persönlich kannten, uns und vor allem die Kinder normal zu behandeln, nicht nur die Erkrankung zu sehen, sondern uns als die Gillmeisters. Das Schlimmste war Mitleid, bekundet mit Sätzen wie »Alles ist furchtbar« und »Ich könnte das nicht«. Um können ging es nicht. Wir konnten das auch nicht, mussten aber. Kunibert war da, das konnten wir nicht leugnen, und er brachte Dinge mit sich, die sich weder verhindern noch ändern ließen. Unsere Kinder sahen unseren Helden dennoch »nur« als Papa, der ihnen Fahrradfahren beibrachte, mit ihnen Lego baute, der ihnen vorlas oder Abenteuer mit ihnen erlebte. Sie sahen ihn nicht als armen, kranken Mann, der nicht wusste, wie es weitergehen soll. Warum also hätte ich oder jemand anders ihnen das Gegenteil einreden sollen?

Während unser Held körperlich immer weiter abbaute, die Schmerzen stärker wurden und zahlreiche geschwollene Lymphknoten an der Wirbelsäule hinzukamen, trat ein Phänomen ein, dass wir bereits aus früheren Situationen kannten. Gute Freunde, gute Bekannte und gute Nachbarn, mit denen wir sonst recht viel zu tun hatten, meldeten sich immer seltener, bis wir sie kaum noch zu Gesicht bekamen.

Zum Teil suchte ich Gespräche, bei denen ich zunächst hörte, dass die Meidung unserer Familie nicht bewusst geschah. Später fielen dann doch Sätze wie: »Ich weiß nicht, was ich sagen soll.« Ein Stück weit konnte ich das nachvollziehen und antwortete, dass sich Simon einfach über Gesellschaft freute, selbst wenn es nur eine Einladung zu Kaffee und Small Talk war. Ich erntete verständiges Nicken, ändern tat sich aber nichts. Im Laufe der Zeit geschah das Gegenteil, der Kontakt zur Außenwelt brach immer weiter ab. Ich unterstelle niemandem eine böse Absicht, vielmehr glaube ich, dass die meisten es nicht aushielten, dem Verfall zuzusehen. Was unsere Kinder jeden Tag mitansehen mussten, was sie aushalten sollten – viele Erwachsene waren dazu nicht in der Lage.

Es gab Freunde, die unsere Kinder in guten Phasen gern mit auf Ausflüge genommen hatten, inzwischen bot das niemand mehr an. Simon und ich kämpften sehr mit dieser neuen Situation, die schon fast einer Isolation glich. Irgendwann kam unser schwarzer Humor wieder zum Vorschein und wir nannten unser Haus »Das Haus der Toten« oder auch »Pesthöhle«, weil wir uns anders nicht erklären konnten, warum uns alle Welt mied, als sei Kunibert ansteckend. Unser Umfeld verließ sich sehr auf mich, ich war ja da und kümmerte mich. Dass zu einer guten Lebensqualität aber auch ein soziales Umfeld, Freunde und breite Schultern gehören, an die man sich mal anlehnen kann, daran schien niemand zu denken. Ich funktionierte lediglich als Auskunft für alle, jeder fragte mich nach Simon, andere Gesprächsthemen gab es nicht. Mit der Zeit kapselte ich mich bewusst ab und bildete einen Schutzwall um uns. Gegenüber Simon schob ich das schrumpfende Interesse von außen auf mich.

»Ich bin gerade so müde und schotte mich ab, du weißt doch, ich bin komisch«, sagte ich häufig, um ihm das Gefühl zu geben, dass ich schuld an unserer Einsamkeit sei und nicht seine Krebserkrankung.

Zum Teil stimmte das, zum Teil war es gelogen, aber ich wusste, dass es Simon damit besser ging. Ich baute eine eigene kleine Welt um uns herum auf, um zu schützen, was mir heilig war – meine Familie. Rückblickend denke ich allerdings, dass das nur bedingt eine gute Entscheidung gewesen ist. Vielleicht hätte ich einfach mehr um Hilfe bitten müssen, die Leute konkret dazu auffordern: »Kommt doch mal vorbei. Nehmt unsere Kinder mit.« Damals jedoch wusste ich mir nicht zu helfen. Ich war hoffnungslos überfordert, fühlte mich allein gelassen und war nicht annähernd so stark, wie ich gesehen wurde.

Irgendwann fing ich an, mit den Kindern regelmäßig zu unserer Lieblingseisdiele zu gehen. Hin und wieder gab es sogar zwei Kugeln und ganz wichtig: extra viele Streusel. Die knusperten so schön im Mund, waren bunt und machten, wenn auch nur kurz, fröhlich. Mit der Zeit saßen wir jeden Tag nach Schule und Kita dort, und es wurde der Frühling der Fotos von eisessenden Kindern mit streuselverschmierten Gesichtern.

Genauso häufig waren wir auf den Feldern vor unserer Tür unterwegs, frische Luft, weite Wiesen und ganz viel Platz zum Schreien machten das Atmen leichter. Größere Ausflüge gönnten wir uns nur noch selten, da ich ein schlechtes Gefühl hatte, Simon allein zu Hause zu lassen. Er brauchte viel Unterstützung und ich war mir nicht immer sicher, ob ich es ihm zumuten konnte, ein paar Stunden ganz allein für sich selbst zu sorgen. Um den Kindern trotzdem ein wenig Abenteuer zu bieten, eröffneten wir das Jahr der Schatzsuchen. Einmal pro Woche versteckte ich eine Schatzkiste im Garten. Mal gab es dazu Schatzkarten, mal Mehlspuren, mal beides. Unsere Minihelden liebten es. Sie fühlten sich wie kleine Piraten, Detektive oder Abenteurer. Hin und wieder fuhren wir zu dritt in den Wald oder zum See – wenn ich jemanden fand, der bei Simon blieb und ihm Gesellschaft leistete.

Unser Held war inzwischen nicht mehr arbeitsfähig, ich ließ mich kurze Zeit später ebenfalls krankschreiben, um ihm im Alltag besser unterstützen zu können. Simon verlor nicht nur stetig an Gewicht, sondern auch an Mut. Aufgeben wollte er nicht, aber er merkte, wie sehr ihm Kunibert zusetzte. Seine Schmerzen wurden stärker und er bekam Ausfallerscheinungen im Gesicht. Es gab Tage, an denen er lallend und verwaschen sprach. Nicht nur die Lymphknoten im Rücken wuchsen, die Metastase im Kopf tat es auch. Simon lagerte weiter Wasser im Brustkorb ein, in den Beinen und Armen ebenso. Schließlich wurden Entwässerungstabletten nötig.

Sein mentaler Zustand veränderte sich ebenfalls. Er vergaß noch mehr als bereits zuvor mit dem Chemobrain. Er war noch gereizter und schien teilweise nicht mehr er selbst zu sein. Zusätzlich zeichnete sich eine depressive Verstimmung ab, die besonders dann auffiel, wenn Simon bewusst bemerkte, dass sein Kopf ein Eigenleben entwickelte.

Im März zeigten sich Nebenwirkungen der Chemotherapie. Unser Held musste sich tagsüber oft hinlegen, um sich auszuruhen. Seine Füße zitterten häufig. Nachts konnte er nicht schlafen und wenn doch, hatte er Albträume und schlug um sich. Letzteres führte dazu, dass ich regelmäßig seine Arme und Hände abbekam und aus dem Schlaf schreckte. Morgens konnte sich Simon an nichts erinnern, und obwohl ich nichts Schlimmeres als blaue Flecken davontrug, wuchs sein schlechtes Gewissen. Darüber hinaus war er tagsüber recht unzufrieden und grummelig. Wir entschieden, dass ich erneut auf dem Sofa schlafen sollte, als Selbstschutz für mich und als Selbstschutz für ihn, vor einem schlechten Gewissen.

Es gab Nächte, in denen die Kinder zu uns ins Bett gekrochen waren, was nun nicht mehr ging. Ich redete mit ihnen und erzählte, dass Kunibert im Moment wieder sehr stark sei und der Papa gut und viel schlafen müsse, damit die Chemoritter halfen. Außerdem sei das Sofa sowieso viel toller und bequemer und die Hunde fühlten sich nicht so allein, wenn ich dort schlief. Für Leo war diese Begründung schlüssig. Emma hingegen hinterfragte das.

»Der Papa von meiner Freundin hat auch immer auf dem Sofa geschlafen, dann ist er irgendwann ausgezogen und sie sieht ihn nicht mehr«, erzählte sie. »Willst du auch ausziehen?«

In diesem Moment hätte ich am liebsten Ja! gerufen, weil ich raus wollte aus allem, weg von Kunibert und all seinen schlimmen Begleiterscheinungen. Ich wollte unser altes Leben zurück. Natürlich blieb ich.

»Es stimmt, dass wir manchmal streiten, Papa und ich«, sagte ich zur Einhornbändigerin. »Aber deshalb ziehe ich ganz bestimmt nicht aus, versprochen. Und Papa wird auch nicht ausziehen. Im Moment ist es bloß einfacher, wenn wir nicht zusammen in einem Bett schlafen, damit Papa wieder zu Kräften kommt.«

»Papa hat wieder Blutkrebs, oder?«, fragte unsere Tochter. »Muss er jetzt sterben?«

»Ich hoffe nicht«, gab ich meine übliche Antwort. »Die Ärzte und wir werden versuchen, das zu verhindern. Darum ist es so wichtig, dass Papa gut schlafen kann.«

Emma nickte, aber ich bezweifle, dass sie mir glaubte. Hätte ich ihr erzählen sollen, dass ihr Papa nachts um sich schlug und mich dabei manchmal traf? Niemals!

Irgendwann war der erste Chemozyklus geschafft und Simon pausierte eine Woche. Die Ärzte waren sich allerdings nicht sicher, ob sie einen weiteren anhängen konnten, denn die geschwollenen Lymphknoten an Simons Wirbelsäule gaben ihnen Rätsel auf. Trotz Chemo waren sie nicht geschrumpft und schmerzten nach wie vor. Und so warteten wir auf den nächsten Termin beim Chefarzt der Transplantationsabteilung, der sich am besten mit dem Multiplen Myelom auskannte. Er sollte entscheiden, wie es weiterging – mit Plan C oder doch Plan D, wie immer der aussehen mochte.

Währenddessen wuchs der Inhalt unseres Medizinschränkchens beständig, und ich konnte mich nur noch dunkel daran erinnern, wie er einmal ausgesehen hatte, als nur der gute Fieber-Zaubersaft der Kinder, ein paar Pflaster und die Friedenspfeife (ein Inhalierdings für die Heldenkinder) darin lagerten. Ich wusste nur noch, dass es jede Menge Platz gegeben hatte. Jetzt war er zu klein, viel zu klein, und die nette Frau in der Apotheke kannte unseren Helden bereits sehr gut.

Trotz allem plante Simon, nach Ostern wieder arbeiten zu gehen, wenn auch nur stundenweise. Ich machte mir Sorgen, dass er sich damit überfordere, glaubte jedoch gleichzeitig, dass es ihm gut tue, aus den vier Wänden zu kommen und das Gefühl zu haben, etwas Produktives zu tun. Dass Kunibert ihm nicht alles nahm.

Je mehr Kunibert allerdings wuchs, desto schwächer und dünner wurde Simon. Ich kochte mehrfach täglich, wurde Meisterin des Porridge-mit-Mandelmus und überlegte mir ständig, was ich außerdem Schmackhaftes anbieten konnte. Ich wollte möglichst auf Zucker verzichten, da verschiedene Studien belegen, dass Süßkram die Lieblingsnahrung mancher Krebsarten ist.

Simon bekam immer noch Entwässerungstabletten, die unter anderem dazu führten, dass er häufig aufs Klo musste. Tagsüber war das kein Problem. Nachts allerdings schon. Unser Schlafzimmer lag im Dachgeschoss unserer Doppelhaushälfte, in der wir zur Miete wohnten. Das Klo befand sich eine Etage tiefer, das andere ganz unten. Blöd, wenn die Beine nicht richtig funktionierten. Ich kramte das alte Babyfon unserer Kinder heraus, stellte den Sender ins Schlafzimmer und den Empfänger neben mein Sofa. So konnte sich Simon bemerkbar machen, wenn er etwas brauchte oder eben aufs Klo musste. Ich half ihm die Treppe hinunter, stützte ihn, damit er nicht fiel und sich alle Knochen brach. Manchmal schaffte er es allein, häufig nicht.

Zunächst lehnte Simon jede Hilfe ab, weil es ihm zeigte, wie sehr Kunibert ihn in seinem Zangengriff hatte.

»Ich schaffe das schon«, sagte er. »Und du musst ja auch mal schlafen.«

Ich erinnerte ihn an die Aufgabenverteilung, auf die wir uns geeinigt hatten: Er kümmerte sich um Kunibert, ich mich um den Rest.

»Außerdem – vergiss nicht, dass ich mich bewusst für dich entschieden habe ... und damit automatisch auch für Kunibert. Niemand zwingt mich, lass mich dir helfen«, bat ich ihn. »Ich lieb dich nämlich und hätte ein viel größeres Problem damit, wenn du nachts die Treppe runterfällst und darum möglicherweise in die Klinik musst.«

Simon sah zu Boden. »Es tut mir so leid, alles. Alles tut mir so leid, und ich möchte nicht, dass du so viel Extra-arbeit mit mir hast. Ich will das allein schaffen, ich will euch beschützen und nicht beschützt werden müssen.« Er sagte, dass er mich tragen sollte, nicht ich ihn.

»Den härtesten Job hast du, nicht ich!«, widersprach ich. »Du kämpfst wie ein Löwe, aber das Einzige, was ich tun kann, ist dir zu helfen und den Rücken freizuhalten. Und das tue ich gern, weißt du, ich mag dich nämlich noch etwas behalten.«

Viele Sätze, die wir sprachen, glichen einer Dauer-schleife, besonders dann, wenn unser Held Hilfe brauchte. Er nahm sie nur sehr ungern an. Ich wiederholte dann oft das Gleiche, immer wieder.

# Kunibert übernimmt die Macht

Wenn es nachts ruhig blieb und ich dennoch nicht schlafen konnte, kümmerte ich mich um die Auktions-Aktion zugunsten »der Menschen, die kranken Menschen helfen, neues Blut zu finden«, wie Emma immer sagte. Es gab viele Unterstützer, so viele, dass es uns einmal mehr die Sprache verschlug. Wir durften tolle Sachspenden versteigern, darunter Möbel, Spielzeug und sogar eine Reise. Der Zuspruch war enorm, viel größer, als wir es erhofft hatten. Wieder einmal schien sich unser Größenwahn auszuzahlen.

»Guck mal, Simon, das passiert alles nur deinetwegen«, sagte ich zu meinem Mann. »Aufgrund deiner Geschichte. Du bewegst so viel, ohne es zu merken. Du bist immer noch ein Beschützer, indem du für Aufmerksamkeit sorgst. Dank dir können viele Patienten hoffen. Du bist ein Held, und du darfst dich auch so fühlen!«

Die Euphorie über die vielen tollen Dinge, die wir versteigern durften, hielt jedoch nicht lange an. Simons Schmerzen wurden immer stärker, die Ausfallerscheinungen im Gesicht ebenfalls. Er konnte nicht stehen, nicht sitzen und liegen schon gar nicht. Das Morphin reichte nicht mehr aus, zu Hause konnte ich ihm nicht mehr helfen.

»Du musst in die Klinik fahren«, bat ich ihn am Abend, als die Kinder schon schliefen. »Bitte lass dir helfen.« Es war Gründonnerstag, und er wollte nicht

»Wir haben den Kindern versprochen, dass wir dieses Jahr gemeinsam Eier suchen«, sagte er.

»Aber du quälst dich, und davon haben sie auch nichts«, erwiderte ich. »Sie werden das verstehen.« Simon blieb stur und gab erst nach, als ich damit drohte, einen Rettungswagen zu rufen, wenn er nicht freiwillig ins Krankenhaus fuhr. Es war nicht mitanzusehen, wie er sich quälte und sich kaum noch bewegen konnte. Mein Held war sauer, wütend und ließ es mich sehr deutlich spüren. Ich nahm es ihm nicht übel, denn ich verstand, warum er zornig war und dass er nicht in die Klinik wollte. Ich konnte mit seinem Gefühlsausbruch umgehen, denn ich wusste, dass er weniger mir galt als vielmehr dem Multiplen Myelom: Kunibert. Endlich rief er sich ein Taxi.

Am nächsten Morgen, Karfreitag, erzählte ich unseren Kindern, dass ihr Papa in die Klinik fahren musste. »Die Ärzte und Krankenschwestern dort können besser auf ihn aufpassen.«

Leo weinte bitterliche Tränen. »Das ist total ungerecht, Mama, Kunibert ist so doof!«

Unser Sohn war ein absolutes Papakind und wollte nicht auf Simon verzichten. Für Leo war sein Papa sein ganz persönlicher Superheld, und auch die Tatsache, dass Simon in den letzten Wochen weniger fit gewesen war, mehr Hilfe benötigte und nicht mehr Fußballspielen konnte, änderte nichts daran. Der Heldensohn vertraute fest darauf, dass es wieder besser werden würde, so wie jedes Mal zuvor auch. Leo war mit Kunibert aufgewachsen, er kannte den stetigen Wechsel zwischen Klinik und zu Hause. Er kannte es, dass Simon öfter zum Arzt musste als wir oder andere Papas. Er kannte Simon mit Haaren und ohne, er wusste, dass es immer wieder Phasen gab, in denen unser Held müder war als sonst. Aber er hatte genauso gelernt, dass auf ein Tief stets ein Hoch gefolgt war. Und darauf vertraute er auch dieses Mal. Das alles konnte seine Traurigkeit allerdings nicht mindern.

Emma meldete sich zu Wort und zeigte mir erneut, welch enorme Kraft und Empathie in ihr steckten. Sie nahm ihren Bruder in den Arm und sagte:»Leo, alles wird gut. Papa war früher ganz oft im Krankenhaus. Er war ganz oft ganz lange weg. Viele Wochen. Daran erinnerst du dich bloß nicht mehr, weil du noch ein Baby warst. Papa ist immer zurückgekommen, er lässt uns nicht allein. Und bis er wieder da ist, passt Mama auf uns auf. Sie kann das ganz gut.«

Ich schluckte, der Kloß in meinem Hals wurde immer größer und größer. Emma kannte Simon auch gesund. Sie war vier Jahre alt gewesen, als Kunibert bei uns eingezogen war. Sie erinnerte sich noch sehr genau an den ersten, gewaltigen und sehr imposanten Auftritt der Krabbe.

Nun würden wir unsere Osternester wieder ohne unseren Helden suchen müssen, das zweite Jahr in Folge. »Nächstes Jahr wird alles besser«, versprachen wir uns. »Ganz bestimmt.« Wir glaubten alle noch fest daran.

Im Krankenhaus wurden neue CT-Bilder von Simon angefertigt, die verschiedenste Tumorherde zeigten. Letztes Mal hatte sich Kunibert »nur« in den Knochen aufgehalten, dieses Mal schärfte er seine Scheren auch außerhalb. Das sprach für ein sehr aggressives Rezidiv. Ein Tumorherd im linken Brustkorb schmerzte besonders stark und sollte punktiert werden, um zu prüfen, ob die Myelomzellen mutiert waren und sich zu einer eigenen Krebsform entwickelt hatten.

Das alles hörte sich wahnsinnig gruselig an und sollte unter der laufenden Chemotherapie eigentlich nicht passieren. Es bedeutete, dass sie definitiv nicht anschlug. Die Ärzte dachten mittlerweile über eine Art russisches Roulette nach. Wenn wir nach wie vor keinen Stammzellspender fanden, bestand die Möglichkeit einer haploidenten Transplantation, bei der ein enges Familienmitglied, in diesem Fall Simons Vater, Stammzellen spendete. Fünfzig Prozent Wahrscheinlichkeit, dass es klappte, fünfzig Prozent, dass genau das Gegenteil passierte.

Unterdessen war ich mit den Geburtstagsvorbereitungen für die Einhornbändigerin beschäftigt. Emma wurde bald zehn, der erste runde Geburtstag. Etwas ganz Besonderes. Wir hofften, dass Simon mitfeiern konnte, denn liebe Menschen würden unserer Tochter das Highlight schlechthin schenken: Eine Luxuslimousine sollte uns von zu Hause abholen und zum Brunchen in den Berliner Fernsehturm bringen. Ich freute mich sehr auf diesen Tag und auf Emmas leuchtende Augen.

Aus der Klinik erhielten wir kurz darauf die Nachricht, dass Simon tatsächlich nach Hause komme. Einerseits freute mich das wahnsinnig, andererseits wusste ich nicht so recht, was ich davon halten sollte. Da die Chemo nicht wirkte, sollte mit einer neuen Therapie begonnen werden. Der Chefarzt hatte irgendwas von T-Zellen erzählt. Das wäre sehr experimentell und war bisher noch nicht an Menschen gemacht worden. Während wir darüber nachdachten, hieß es plötzlich, dass es Probleme mit dem Ansatz gab, irgendwelche Gelder fehlten, ebenso Studienzulassungen oder sonst was. Adieu T-Zellen-Therapie. Stattdessen sprachen sich die Experten nun doch wieder für die Chemo aus und wollten den zweiten Zyklus beenden, um zu sehen, wie das Blutbild reagierte.

»Manchmal braucht das Präparat, bis es anschlägt«, sagten sie. Zuvor hatte es geheißen, das Medikament wirke schlicht nicht. Auf jeden Fall sollte Simon Bestrahlungen erhalten, um die größten, schmerzenden Tumorherde zu zerstören. Sowohl die Chemo als auch die Bestrahlungen wurden ambulant durchgeführt, daher entließ man den Helden tatsächlich nach Hause, im Gepäck jede Menge Morphin und andere Zauberschmerzpillen.

Wir fühlten uns verwirrt und verunsichert durch den Wandel der Ärztemeinung, und ich wurde das Gefühl nicht los, dass sie gar nicht wussten, was sie tun sollten. Von daher sah ich Simons Heimkehr mit gemischten Emotionen entgegen. In der Klinik war wenigstens immer jemand, der sofort eingreifen konnte, wenn sich der Zustand des Helden verschlechterte. Zu Hause war nur ich.

Kurz nach Simons Entlassung startete die Bestrahlung, vor der sich unser Held sehr fürchtete. Er hatte Angst vor dem, was die Behandlung mit ihm machen würde. Zum Beispiel befürchtete er, dass sein Magen rebelliere und er Tage und Nächte im Bad verbringen müsse. Er dachte an die Kinder, an Emmas Geburtstag und die vielen Dinge, die er im Haus noch tun wollte; pragmatische Dinge. Regale festdübeln zum Beispiel. Ich hatte einmal versucht, ein Loch in die Wand zu bohren, und uns kam die halbe Wand entgegen. Simon verbot mir daraufhin, je wieder eine Bohrmaschine anzufassen, damit das Dach über unseren Köpfen nicht einstürzte.

Während ich mich an dieses Szenario erinnerte, dachte ich daran, dass er mir unbedingt beibringen musste, wie man richtig bohrt. Mein Gedankengang stoppte. Moment. Warum dachte ich darüber nach? Ich erzählte Simon davon. Mein Held belächelte meine Gedanken und meinte, dass er zurzeit manches Mal zu müde für solche Bauarbeiten sei, irgendwann jedoch wieder fit genug dafür wäre. Diese Dinge müssten einfach ein bisschen warten. Er hatte recht, und ich beschloss, mich nicht länger mich solch lapidaren Dingen aufzuhalten. Zwei Tage später entdeckte ich Simon, wie er Löcher in der Küche bohrte. Er befestigte so ein Handtuchhalteding mit Haken dran. Warum tut er das?, fragte ich mich, schob den Gedanken jedoch schnell beiseite, bevor ich wieder ins Grübeln geriet.

An einem Wochenende klingelte das Telefon. Eine unserer liebsten Nachbarinnen fragte, ob wir zu Hause seien. Ich bejahte die Frage.

»Dann geht doch bitte mal nach oben«, sagte sie. »Zusammen.« Noch bevor wir zur Treppe laufen oder uns auch nur wundern konnten, schlugen unsere Hunde Alarm, bellten und liefen abwechselnd nervös zur Terrassentür. Ich warf einen Blick hinaus und entdeckte die Nachbarin, die mithilfe einer zweiten Nachbarin etwas Großes, Schwarzes durch unseren Garten wuchtete. Das Telefon klingelte erneut.

»Ihr könnt wieder runterkommen.« Die Nachbarinnen waren verschwunden, die Hunde beruhigten sich.

Simon und ich schauten uns an und gingen in den Garten. Auf der Terrasse blieben wir wie angewurzelt stehen. Dort standen zwei Schaukelstühle. Schwarz und aus Metall.

Sie passten hervorragend zu einem Bogen, der ebenfalls im Garten stand und unter dem wir letztes Jahr geheiratet hatten. In diesem Sommer wollten wir dort Rankepflanzen einsetzen, damit der Bogen so lebendig blieb, wie es der Tag unserer Hochzeit gewesen war. Es war so ein schöner Anblick, unser Bogen, der aus Simon, der sich einst »Krümel« genannt hatte, Herrn Gillmeister machte. Der Bogen, unter dem ich seine Ehefrau geworden war. Er stand dort und ihm gegenüber nun auch diese zwei Schaukelstühle. Anscheinend hatten die Nachbarinnen im Blog unsere Bucket List entdeckt. Simon und ich setzten uns hinein und verbrachten den Abend darin, bis mein Held im Sitzen einschlief.

Am nächsten Tag wurde die Einhornbändigerin zehn Jahre alt. Morgens kam sie mit einem breiten Grinsen die Treppe hinunter, stand aufgeregt im Wohnzimmer und freute sich über die zahlreichen Luftballons, die an den Wänden hingen. Eine Einhorntorte stand parat und unser Esstisch quoll über mit Karten, die unsere Blogleser Emma geschrieben hatten. Sie waren bunt und fröhlich, kein Wort über Kunibert, über Krebs oder was für ein armes Kind sie sei. Unsere Leser waren großartig an diesem Tag, sie zeigten unseren Kindern, besonders Emma, welch besondere Menschen sie sind. Welche Kraft sie tief in sich tragen und wie fröhlich und farbenfroh das Leben trotz der Krabbe war. Kunibert bekam an diesem Tag besonders viele Mittelfinger zu sehen!

Dank einer Bluttransfusion war Simon fit genug, um uns auf dem Überraschungsausflug zu begleiten. Wir sagten Emma, dass wir mit ihr wohin fahren wollten und wir draußen auf das Taxi warten müssten. Dass zumindest Simon häufig mit einem Taxi fahren musste, war nichts Neues, denn aufgrund der vielen Schmerzmedikamente und seiner starken Erschöpfung durfte er schon lange nicht mehr selbst fahren. Entsprechend aufgeregt war Emma, dass sie nun selbst einmal in ein Taxi steigen durfte.

Wir schlüpften in Schuhe und Jacken und traten vor die Haustür. Emma sah sich neugierig nach allen Seiten um. Als eine Riesenlimousine um die Ecke gebogen kam, wurden die Augen unserer Kinder immer größer. Leo schrie: »Guck mal, ein Hochzeitsauto«, und Emma setzte nach: »Zu wem wollen die denn?«

Die Limo blieb vor unserem Haus stehen, ein Mann mit schwarzem Anzug stieg aus und fragte: »Hallo, gibt's hier eine Emma? Ich bin heute nur für sie und ihre Gäste gekommen.«

Das Gesicht der Einhornbändigerin war unbezahlbar. Sämtliche Gesichtszüge entglitten ihr und sie stammelte: »Das ist nur für uns? Weil ich Geburtstag habe?«

Simon nahm Emma in den Arm und flüsterte in ihr Ohr: »Ein besonderes Auto für ein besonderes Mädchen.«

In diesem Moment konnte ich es erkennen: das Fotolächeln. Ganz breit, übers ganze Gesicht. So warm und herzlich wie auf dem Bild, in das ich mich verliebt hatte. Während Leo wie ein kleiner Flummi um das Auto sprang, drehten Simon und Emma Hand in Hand und fast schon andächtig eine Runde um den Wagen. Die Feierlichkeit, die sie dabei ausstrahlten, werde ich nie vergessen.

Emma stieg zuerst ein, danach Leo und schließlich wir. Drinnen hüpften die Kinder hin und her, lächelten den Passanten zu und fühlten sich wie Superstars.

Bei Simon traten während der Fahrt plötzlich zum ersten Mal Halluzinationen auf, aber es dauerte einen Moment, bis ich es bemerkte. Während die Kinder im hinteren Teil der Limousine laut sangen, fragte er mich, ob wir gerade in einem Raumschiff säßen und wenn ja warum. Im ersten Moment dachte ich, dass unser Held und *Star-Wars*-Fan sich einfach einen Scherz erlaube und rechnete damit, dass er jeden Moment anfing zu lachen. Er blieb ernst.

»Willst du mich veräppeln?«, flüsterte ich, ohne dass es die Kinder hörten.

Energisch schüttelte Simon den Kopf. »Das ist mein voller Ernst – also, wo sind wir?«

»In einer Limousine, mein Schatz«, sagte ich, bevor es ausufern konnte. »Wir sitzen hier, weil Emma heute zehn Jahre alt geworden ist und wir mit ihr zum Brunchen wollen.«

In diesem Moment konnte ich fast hören, wie sich ein Schalter im Heldenhirn umlegte. Simon nickte bestürzt und sagte: »Ja. Das weiß ich doch eigentlich.« Er sah mich an. »Was war das gerade?«

»Vermutlich bist du kurz weggedöst und hast von *Star Wars* geträumt«, erwiderte ich und versuchte, meinen eigenen Worten zu glauben.

Emma und Leo bemerkten, dass wir uns leise unterhielten. »Wieso flüstert ihr?«, wollten sie wissen.

»An Geburtstagen ist es wie an Weihnachten«, erklärte ich. »Da wird geflüstert, was das Zeug hält. Überraschungen und so. Das wisst ihr doch.« Unsere Kinder grinsten und sagten, wie gemein das sei, jetzt seien sie neugierig.

»Ich bin eure Mama, es ist mein Job, gemein zu sein«, sagte ich lächelnd.

Unsere Kinder nickten:»Stimmt ja.«

Simon sah verunsichert zu Boden. Ich holte mein Handy raus und ließ Musik laufen, unseren Lieblingssong, zu dem wir auch auf dem Standesamt geheiratet hatten. Simon nahm meine Hand und sagte:»Danke, mein Schatz.«

»Genieß es, gleich werden die Kinder wollen, dass wir das Bibi-und-Tina-Lied hören«, sagte ich und versuchte, so zu tun, als wäre alles in Ordnung. Dabei war gar nichts in Ordnung, denn ich wusste: Soeben hatte ich Kunibert sprechen gehört.

Der Rest der Fahrt verlief unproblematisch. Emma fühlte sich wie die Queen und übte schon einmal ihren königlichen Winkegruß. Leo meinte, dass dieses Auto fast cooler sei als das Batmobil. Simon und ich machten viele Fotos, auch von uns. Zack, da war es: das Fotolächeln. Kunibert, du kannst uns mal.

Von Weitem konnten wir den Fernsehturm sehen. Emma flippte förmlich aus und fragte, ob wir da rauffahren könnten. Nach unserem»Ja, natürlich!«jubelte auch Leo.

Wir krochen aus dem Auto und fuhren mit dem Fahrstuhl nach oben. Allein das war ein Erlebnis, unglaublich. Das Brunchen war lecker, selbst der Held aß ein paar Kleinigkeiten, was noch viel unglaublicher war. Unsere Kinder waren unterdessen nicht von den Fenstern wegzubekommen. Simon setzte sich neben sie und erklärte alles, was die zwei Minihelden wissen wollten. Mein Orientierungsvermögen ist quasi nicht angelegt, ich bin dankbarer Nutzer eines Fußgängernavigationssystems. Simon hingegen beherrschte so was prima, er wusste, wo sich was befand, wie er wo hinkam und wo sich die Straße XY versteckte. Unsere Kinder hingen an seinen Lippen, und er erläuterte ihnen, was sie sahen, gespickt mit vielen geschichtlich relevanten Details. Leo wollte wissen, wo »Die Bosserin von Deutschland« wohnte und was die überhaupt so den ganzen Tag machte. Emma erkundigte sich, in welcher Richtung unser Zuhause lag und wo wir mit der Limo langgefahren waren. Auf die meisten Dinge hätte ich nicht antworten können und einfach blind geraten. Wie gut, dass Simon bei uns war!

Als wir am Nachmittag heimkehrten, legte sich unser Held sofort ins Bett. Er war müde und geschwächt, schlief jedoch zufrieden ein. Er fühlte sich wieder wie ein Papa, der seinen Kindern die Welt erklären durfte. Er schlief ein mit einem dicken Fotolächeln im Gesicht.

Im Wohnzimmer tobte währenddessen das Leben. Emma und Leo berichteten allen Geburtstagsgästen von unserem Ausflug. Sie redeten vom Fahrstuhl und der »Bosserin von Deutschland«. Leo versuchte, die Größe der Limo auf die Straße zu malen, damit auch wirklich der Letzte Bescheid wusste. Emma erzählte von dem grandiosen Ausblick, beide Heldenkinder schwärmten vom leckeren Essen, dem super Dessert und den knusprigen Brötchen. Es war perfekt, so richtig perfekt.

Da Simon an den Folgetagen keine weiteren Wahnvorstellungen hatte, tat ich die Geschichte an Emmas Geburtstag als einmaligen Aussetzer ab. Womöglich hatte er einfach einen schlechten Tag gehabt. Die Nächte blieben unruhig, die Tage auch. Weiterhin musste unser Held nachts häufig aufs Klo. Manchmal war die Decke zu warm, an anderen Tagen zu kalt. Regelmäßig hatte er Durst, und ich brachte ihm etwas zu trinken ans Bett. Noch immer wollte Simon keine Hilfe, aber er merkte langsam, dass es ohne nicht ging. Je mehr Unterstützung er im Alltag benötigte, desto schlechter wurde seine Gesamtstimmung. Er verschlief viele Stunden am Tag, meist dann, wenn ich die Kinder in die Schule bzw. Kita brachte. Nach meiner Rückkehr stellte ich mich in die Küche und kochte für ihn in der Hoffnung, dass er etwas äße. Couscoussalat mit Minze ging immer gut. Zumindest wenn ich die richtige Dosierung der Minze traf.

An manchen Tagen rutschte Simons Immunsystem so weit in den Keller, dass er eigentlich in die Klinik zur Isolation gemusst hätte – 0,6 Leukozyten waren schon eine Hausnummer. Die Ärzte blieben jedoch ruhig, und ich übernahm zu Hause das Spritzen von Medikamenten. Eines, damit sich die Leukos schneller teilten und somit vermehrten, und eines, das das Gleiche mit den roten Blutkörperchen vollbringen sollte. Ich habe noch nie so viel Desinfektionsmittel in meinem Leben benutzt wie zu dieser Zeit. Ganze Flaschen sprühte ich auf die Türgriffe, die Hunde bürstete ich jedes Mal, wenn ich mit ihnen draußen gewesen war, ihre Pfoten reinigte ich ebenfalls. Ich vermisste mein altes beigefarbenes Kunstledersofa. Dieses Mal nicht nur, weil ich keinen Kugelschreiberfleck mehr zum Anschreien hatte, sondern auch weil es abwischbar gewesen war. Inzwischen besaßen wir das textile Riesensofa. Superbequem. Superschick. Eigentlich auch superpraktisch. Aber scheiße zu reinigen. Doof.

Eines Nachts wachte ich gegen zwei Uhr mit Schüttelfrost auf, am Morgen zeigte das Thermometer knapp vierzig Grad Fieber an. Yeah, das kam natürlich immer dann, wenn ich es am wenigsten gebrauchen konnte – heute stand der nächste Termin beim Chefarzt im Transplantationszentrum an, beim Gott in Weiß, beim alten Mann, der alles wusste. Ich befürchtete schon nachts, dass der Tag nicht viel Neues bringen würde, denn inzwischen war ich abgeklärt, was das Hervorzaubern von grandiosen, neuen Therapien anbelangte.

Was half es? Ich warf eine Ibuprofen ein und machte die Kinder für Schule und Kita fertig. Den Batman brachte ich via Bus zum Kindergarten und bestach ihn mit Schokolade, weil ich mich außerstande fühlte, ein »Ich will jetzt nicht los«-Drama auszusitzen.

Im Taxi auf dem Weg zur Klinik schrieben Simon und ich noch schnell ein paar Stichpunkte in unser Erinnerungsbüchlein, das wir irgendwann eingeführt hatten, um keine wichtigen Fragen zu vergessen. Simon war recht motiviert und hegte die Hoffnung, endlich neue und aussagekräftige Infos zu bekommen. Infos, die uns erahnen ließen, wie die nahe Zukunft aussähe.

Ich war skeptischer, denn wenn ich in der Zwischenzeit eines gelernt hatte, dann dass einem die Ärzte vor allem eins sagen – nichts! Vielleicht befürchten die Menschen in den weißen Kitteln, dass ihre Patienten in Depressionen verfallen, wenn man ihnen die Wahrheit sagt, vielleicht wollen sie einen nur beschützen – nur: Wem nützt das?

Immerhin mussten wir nicht lange warten. Der Arzt sah sich die aktuellen Blutwerte und den neusten CT-Befund an, runzelte die Stirn und sagte erst mal – genau – nichts. Er saß da, blätterte sich ein zweites Mal durch die Unterlagen und rieb sich das Kinn. Schließlich murmelte er irgendwas von »Das wird eine harte Aufgabe« oder so ähnlich.

Ich atmete ein und wieder aus, versuchte, das Rauschen in meinen Ohren zu überhören. Der Doktor freute sich darüber, dass die Leichtketten gefallen waren (bestimmte Eiweißkörperchen, deren Anzahl Aufschluss darüber gab, wie aktiv Kunibert gerade sein Unwesen trieb), stellte jedoch gleichzeitig fest: »Der Rest des Blutbildes ist ein Desaster.« Und das trotz einer Bluttransfusion vor knapp einer Woche. Mein Magen zog sich zusammen.

»Die aktuelle Chemotherapie kann sehr toxisch wirken«, fuhr der Arzt fort, »deshalb muss sich Ihr Körper erst mal erholen, Herr Gillmeister.« Er warf Simon einen Blick zu, der seinerseits reglos auf seine Hände hinabblickte. »Wir verschieben den dritten Chemozyklus um zwei Wochen und entscheiden dann.«

Zu all den schlechten Nachrichten kamen unklare Wassereinlagerungen in Simons Füßen hinzu und ein Herzschlag, der sofort losraste, wenn der Held sich belastete. Das Präparat der aktuellen Therapie konnte zu einer Herzmuskelschwäche führen, also bekamen wir eine Überweisung zum Kardiologen, der prüfen sollte, ob Simon bereits eine entwickelt hatte. In diesem Fall würden wir die Therapie abbrechen.

»Bis dahin müssen wir uns um die ein bis zwei Liter Flüssigkeit kümmern, die sich unter Ihrer Lunge gesammelt haben«, sagte der Arzt. »Damit das nicht bald zu Schwierigkeiten führt, punktieren wir den auslösenden Tumorherd und saugen die Flüssigkeit ab.«

Aufgrund massiver Venenentzündungen verordnete er unserem Helden vor der nächsten Chemotherapie zusätzlich noch einen Port, also einen Dauerzugang unterm

Schlüsselbein – jenes Loch mit Schläuchen, vor dem wir uns vor Jahren bei anderen Patienten auf der onkologischen Station noch gegruselt hatten. Nun freuten wir uns darauf, weil es eine Erleichterung bedeutete. Allerdings durfte der Port erst ab einem bestimmten Thrombozytenwert gesetzt werden, von dem Simon aktuell noch ein gutes Stück entfernt war.

Soweit die trockenen Fakten. Der Arzt wirkte sehr unzufrieden mit dem Therapieverlauf bisher und stellte ständig völlig widersprüchliche Sätze in den Raum. Von der haploidenten Transplantation, bei der Simons Vater als Spender hatte auftreten sollen, wollte er plötzlich nichts mehr wissen, da die Prozedur an Myelompatienten noch nie gemacht worden war. Beim letzten Termin hatte er diese Idee noch absolut großartig gefunden. Nun meinte er, dass der Verlauf bisher deutlich schlechter sei als erhofft und dass wir nur in kurzen Zeitintervallen planen sollten. Ein paar Minuten später machte er uns Hoffnung mit dem Satz: »Es wird schon alles gut werden, die Therapie schlägt bestimmt an und die Leichtketten werden weiter fallen.« Was denn nun?

Wir fragten ihn nach einer zeitlichen Prognose, auch wenn wir natürlich wussten, dass der Verlauf einer Myelomerkrankung von Patient zu Patient sehr unterschiedlich war. Andererseits war Simon sicherlich nicht der erste Betroffene, bei dem die Therapien nicht so wirkten, wie sie sollten, also musste es doch Vergleichswerte geben.

»Über so was kann ich nur mutmaßen, und das bringt Ihnen nichts, also reden wir nicht darüber«, lautete die Antwort des Arztes. Er verstand nicht, dass wir einen Anhaltspunkt brauchten, der uns bei unserer »Lebensplanung« half. Es ging uns mittlerweile nicht mehr darum, so viel Zeit wie möglich rauszuholen, sondern die Zeit, die noch verblieb, nutzen zu können. Und zwar mit einer Lebensqualität, die gut war. Seit dem Start der aktuellen Behandlung zerfiel unser Held jeden Tag ein bisschen mehr, er ertrug es, ich guckte zu. Am Ende einigten wir uns mit dem Arzt darauf, drei Wochen abzuwarten (schon wieder!) und auf das nächste Blutbild zu hoffen.

Ich atmete ein, ich atmete aus und musste mich beherrschen, nicht zu schreien – wie ich es regelmäßig auf den Feldern hinter unserem Haus tat, wenn ohrenbetäubendes Musikhören nicht mehr half. Das ständige Warten zerrte an unseren Nerven genauso wie die ausweichenden Aussagen der Mediziner. Sie meinten es sicher nicht böse, aber es war so zum Kotzen!

Um nicht durchzudrehen, klammerten wir uns an den einzigen Lichtblick des Gesprächs – das Absinken der Leichtketten, also der »Krebsmarker«, in Simons Blut. Seit ein paar Tagen fühlte sich der Held etwas beweglicher, und wir nahmen beides als Zeichen dafür, dass wenigstens die Bestrahlung wirkte und die schmerzverursachenden Tumorherde an der weiteren Ausdehnung hinderte, vielleicht sogar schrumpfen ließ.

Was mir auffiel, war, dass sich der Arzt bei diesem Termin zum ersten Mal nach unseren Kindern erkundigt hatte. Das hatte er sonst nie getan. Er fragte nach Leo und ob er dieses Jahr in die Schule komme. Als wir das verneinten, weil wir ihn zurückgestellt hatten, nickte er zustimmend, als würde er unseren Sohn kennen. Er fragte auch nach Emma, ob es ihr gut gehe und wie groß sie inzwischen sei. Er wollte sogar wissen, was die Hunden trieben. Der Arzt war so freundlich wie noch nie. Böses Zeichen. Denn auch das gehörte zu den Dingen, die ich inzwischen gelernt hatte: Ärzte werden dann richtig, richtig nett und zuvorkommend, wenn es ernst ist. Nicht nur ein bisschen ernst, sondern richtig ernst.

Auf dem Rückweg im Taxi schimpften wir. Wir schimpften auf den Arzt, der keine klaren Worte gesprochen hatte. Wir schimpften auf die Krankenschwester, der es erst nach mehr als drei Versuchen gelungen war, Simon Blut abzunehmen. Wir motzten über die vollen Straßen und darüber, dass unsere Lieblingseisdiele das dunkle Schokoeis aus dem Sortiment genommen hatte. Zu Hause flüchteten wir, jeder auf seine Art und Weise. Simon wuselte unruhig durch das Haus, obwohl Mittagsschlaf die bessere Wahl gewesen wäre. Er überlegte, an welcher Wand er die Bohrmaschine anlegen sollte, obwohl wir gar nichts zum Aufhängen hatten. Er sortierte Quittungen, um sie danach alle wieder in dieselbe Kiste zu werfen.

Ich holte unsere Kinder früher aus Kita und Schule ab und wir gingen spontan zur Eisdiele. Das dunkle Schokoeis war noch nicht zurück, dafür gab es Karamell und Stracciatella. Außerdem spendierte ich Waffeln mit Streuselrand und natürlich Streusel auf das Eis. Zuckerschock, aber der Tag war gerettet. Immerhin für einige Minuten.

# Sonnenuntergang

Ich konnte recht trocken über Kunibert reden, auch darüber, dass eine Zeit kommen würde, in der wir ohne unseren Helden zurechtkommen mussten. Sogar mit dem Helden selbst sprach ich über eine Zeit ohne ihn. Wir redeten über Halbwaisenrente für Leo, über Hospize und wie lange eine Pflege zu Hause möglich sei. Noch war es nicht so weit, noch gab es Dinge, die Simon allein tun konnte, noch lag er nicht ans Bett gefesselt, aber wir diskutierten darüber. Manchmal hasste ich mich dafür, dass ich so abgestumpft war und Gefühle schlecht zulassen konnte. Bestimmt ließ mich das kalt und eigensinnig wirken. Eigensinnig bin ich, das war ich schon immer. Aber kalt bin ich nicht, auch wenn es, besonders in jener Phase, nach außen hin anders erschien. Wenn ich alle Gefühle, die tief in mir brodelten, zugelassen hätte, wäre ich vermutlich durchgedreht, Amok gelaufen, und nicht jeden Morgen aufgestanden, um einen weiteren Tag zu verbringen, an dem Kunibert seine Scheren wetzte. Ich fühlte mich manchmal einsam, sorgte jedoch selbst dafür, weil ich mich einigelte und kaum Kraft für irgendwelche sozialen Kontakte aufbrachte. Denn wo ich auch hinkam und plauderte – überall gab es nur ein Thema: Kunibert.

Es gab Momente, in denen ich an meine Grenzen kam, ohne sie überwinden zu können, und ich hasste mich dafür. Warum konnte man in der Apotheke gruseliges Zeug kaufen, das dazu da war, den eigenen Körper zu vergiften in der

Hoffnung, dass die Krabbe zuerst draufging, aber keine Mutpillen oder ein Fläschchen Kraftsaft?

Wir hangelten uns durch die Tage, die mal gut waren und mal weniger, und versuchten stets, das Beste draus zu machen. Und dann stand uns ein Wochenende bevor, an dem Simon massiv unter Übelkeit litt, sodass ich nachts den einen oder anderen Eimer ausspülte. Er war noch erschöpfter als sonst, die Schmerzen waren zurück und er konnte sich nicht auf den Beinen halten. Wir hatten die Nebenwirkungen der Bestrahlung im Verdacht, allerdings war es mittlerweile schwer zu unterscheiden, was die Therapie verursachte und was Kunibert selbst.

Am Montag ging es Simon besser, er musste sich nicht mehr übergeben und das Gehen klappte auch wieder und so machte er sich erneut auf den Weg zur Bestrahlung. Emma hatte schulfrei, Leo durfte ebenfalls zu Hause bleiben. Wir räumten auf, um danach ein Eis essen zu gehen. Schoko gab es immer noch nicht, die Streuselwaffeln aber besänftigten uns.

Am Abend setzten wir uns zu einem Date zusammen aufs Sofa. Simon war recht munter und wir nutzen die Gelegenheit, blätterten in unserem Hochzeitsalbum und lächelten. Dann, aus heiterem Himmel, fragte Simon: »Glaubst du, dass die Chemo irgendwann fortgesetzt werden kann?«

Wir hatten beide das Gefühl, dass die Ärzte nicht so recht weiterwussten und bestenfalls herumdokterten.

»Möchtest du denn, dass sie fortgesetzt wird?«, entgegnete ich leise, und Simon schüttelte den Kopf.

»Ich glaube, das hat keinen Zweck«, meinte er. Als er mein Gesicht sah, fuhr er fort: »Ich glaube, eine andere Therapie würde mehr bringen – so schnell wirst du mich noch nicht los. Oder bin ich dir schon zu viel?« Er griff nach meiner Hand. »Kannst du dir vorstellen, weiterhin für mich da zu sein, auch wenn nichts mehr hilft? Sei ehrlich.«

Schon einmal hatten wir das Thema Hospiz angesprochen und wollten uns auch mal eines ansehen. Getan hatten wir es jedoch nicht. Ich nickte. Ich atmete tief ein. Ich atmete tief aus. Ich schlief nachts kaum noch, da ich immer auf das Babyfon horchte, um da zu sein, wenn Simon etwas brauchte. Ich schlief weiterhin auf dem Sofa, weil er im Schlaf immer noch gelegentlich um sich schlug. Man sah mir meine Erschöpfung an, trotzdem bemerkte mein Held zu dieser Zeit nicht, wie müde ich wirklich war. Immer noch galt der Deal: Er kümmerte sich um Kunibert und ich mich um den Rest.

»Ich schaffe das«, meinte ich. »Und eigentlich mache ich ja auch gar nichts – du bist der, der kämpft. Ich versuche nur, dir etwas zu helfen.« In diesem Augenblick meinte ich, was ich sagte, denn auch ich selbst nahm meine stetig wachsende körperliche Erschöpfung nicht wahr. »Weißt du noch? In guten wie in schlechten Tagen – das haben wir uns versprochen.«

Ein müdes Lächeln huschte über sein Gesicht. Und verschwand wieder. »Okay, aber die Grenze sollte erreicht sein, wenn das Ding in meinem Kopf so viel weiter gewachsen ist, dass ich nicht mehr weiß, wer ich bin oder wer ihr seid, wenn ich aggressiv werde oder nur noch sabbernd im Bett liege.« Der Held sah mich eindringlich an. »Ich möchte nicht, dass die Kinder das sehen.« Er zögerte. »Bis es so weit ist, würde ich gern zu Hause bleiben. Sofern und wirklich nur dann, wenn du und die Kinder es aushaltet.«

Ich stimmte Simon zu, in allem, was er gesagt hatte, und versprach ihm: »Du darfst so lange zu Hause bleiben, wie es möglich ist.« Eine gute Gelegenheit, die Patientenverfügung anzusprechen, die noch immer unausgefüllt in der hintersten Ecke vom Schrank lag. Nach wie vor war das Formular ein rotes Tuch für Simon.

»Die brauchen wir noch nicht«, winkte er ab. »Das eben war doch nur ein hypothetisches Gespräch!«

Okay. Ich wusste ganz genau, wenn ich weiter darauf herumritt, würde der Held komplett dicht machen. Ich probierte es anders. »Also, wenn ich morgen von einem Auto überfahren werde und danach im Koma liege, dann möchte ich nicht ewig beatmet werden, wenn es keine Aussicht auf Besserung gibt. Ich wünsche mir, keine unnötigen Schmerzen erdulden zu müssen, wenn mir eh nicht mehr zu helfen ist«, sagte ich in der Hoffnung, dass mir Simon daraufhin seine Sichtweise der Dinge verriet. Mein Held aber nickte nur und meinte: »Ja, kann ich verstehen.«

Ein paar Tage später litt Simon unter einer emotionalen Talfahrt. Er war in sich gekehrt und schweigsam und starrte stundenlang vor sich hin. Abends gestand er mir, dass er in letzter Zeit bei vielen besonders schönen Dingen jedes Mal denke, dass es das letzte Mal gewesen sein könnte. Auch werde ihm zunehmend bewusst, dass er sein großes Ziel, die Kinder aufwachsen zu sehen, bis sie erwachsen seien, nicht erreichen werde.

Mich plagten die gleichen Gedanken, und ich empfand manchmal fast schon Neid, wenn andere Familien ihre Ausflüge und den Urlaub für das nächste Jahr planten. Wir konnten das nicht, weil wir nicht wussten, ob Simon mobil sein würde oder ob es für ihn überhaupt ein nächstes Jahr gab. Trotzdem versuchte ich, dem Helden bewusst zu machen, dass er bereits länger lebe, als es die Ärzte bei der Diagnosestellung 2012 prophezeit hatten. Mit Stammzelltransplantation waren sie damals von fünf bis fünfzehn Jahren ausgegangen. Streng genommen hatten wir also Glück, dass Simon auch ohne Spender den zehnten Geburtstag der Heldentochter erlebt hatte.

»Es ist hilfreich, in kleinen Schritten zu denken«, sagte ich. »Das nächste Ziel ist unser erster, richtiger Hochzeitstag im Juni, ja? Und dann Leos Geburtstag im September – das schaffen wir.« Dann Weihnachten, dann Simons Geburtstag und vielleicht noch Leos Einschulung im nächsten Jahr. Auf Letzteres hoffte ich sehr. Während ich unserem Helden einredete, dass kurze Schritte besser seien und kleine Ziele ebenfalls grandios sein können, versuchte ich, meinen eigenen Worten zu glauben. Das war manchmal gar nicht so einfach, aber irgendjemand musste hier doch den Kopf oben lassen.

Zwischendurch hatten wir eines Abends kinderfrei und feierten unseren zehnten Hochzeitstag. Wir gingen nicht ins Kino, ebenso wenig ins Restaurant. Dafür reichten Simons Leukozyten nicht aus – jeder noch so kleine Keim hätte sein schwaches Immunsystem sofort überwinden und ein Desaster anrichten können. Also wurde es ein DVD-Abend mit dem Pizzalieferservice als Koch. Ich gab mir Mühe, mich davon nicht deprimieren zu lassen, sondern weiterhin jede Gelegenheit zu genießen, bei der wir noch beieinander sein durften.

Der Held und ich hatten einen tiefen Respekt vor dem Tod. Abgesehen von meinen Großeltern hatte ich noch nie den Verlust eines mir lieben Menschen erleben müssen. Ich wusste nicht, wie sich das anfühlte. Auch Simon schien das Thema Hospiz und das Leben in den letzten Stunden nicht mehr loszulassen. Es ruderte mehr in seinem Kopf, als ihm lieb war, denn natürlich merkte er selbst, dass sein Gesamtzustand von Tag zu Tag schlechter wurde. Simons Gewicht sank immer weiter, und eines Tages fragte ich ihn, ob er noch Kraft habe weiterzumachen, oder ob er lieber seine Ruhe hätte.

»Ich freue mich, wenn du kämpfst, solange du kannst, und alles gibst, um hier bei uns bleiben zu können«, sagte ich nicht nur einmal. »Wenn dir die Kraft aber ausgeht, dann hör auf und ruh dich aus.«

Jedes Mal nahm Simon meine Hand und sagte, dass er natürlich kämpfen wolle. »Wir sind noch nicht mal ein Jahr verheiratet – die 14 Monate bis zu unserer Silberhochzeit schaffen wir.«

Damals freuten mich seine Worte, im Nachhinein ärgere ich mich, dass ich ihn immer wieder aufforderte zu kämpfen. Ich glaube mittlerweile, dass ich ihn damit auf eine Art unter Druck setzte. Was hätte er denn anderes antworten sollen, als das, was er sagte?

Einen anderen Kampf führte ich in der Küche – gegen Simons stetigen Gewichtsverlust. Er hatte nie Hunger und entschuldigte sich für seine Motzattacken, die ich abbekam, wenn ich mit Essbarem hinter ihm herrannte. Sein abgestumpfter Geschmacksinn und die Ausfallerscheinungen im Gesicht, die den Bereich rund um den Mund taub machten, verleideten ihm die Freude am Essen, denn er biss sich oft auf die Lippe und in den Mund, wenn er kaute, und merkte es erst, wenn es blutete. Regelmäßig entzündete sich alles.

Ich kochte noch häufiger. Couscous klappte immer noch gut, Reis und herzhaftes Porridge auch. Für Extrakalorien mischte ich überall Mandelmus hinein. Weiche Haferflockenmuffins waren vorrübergehend das Zaubermittel, und gefrorene, dann in den Mixer geworfene Banane mit Milch, Mandelmus und ab und zu Beeren oder Schoki. Neudeutsch nannte man das wohl Nicecream. Simon aß sie. Zusätzlich gab es vier hochkalorische Shakes am Tag, die er wiederum widerlich fand. Egal, Hauptsache Kunibert fraß nicht noch mehr von Simons Gewicht.

# Der Wunsch nach Alltag

Die Heldenkinder bemerkten immer deutlicher, dass etwas nicht stimmte. In der einen Minute sahen sie einen Papa, der wie wild durch das Haus wuselte, um irgendetwas zu reparieren. In der nächsten Minute lag er wie erschlagen auf dem Sofa. Genauso wenig ging an ihnen vorbei, dass sich Simon veränderte, nicht nur körperlich. Viele Dinge erzählten sie ihm mehrfach, weil unser Held sie so schnell vergaß, wie sie erzählt waren. Mich erstaunte, wie gut Emma und Leo damit umgingen. Am Anfang wunderten sie sich noch, wenig später war es bereits ein Selbstläufer und sie erzählten wichtige Dinge von vorneherein gleich mehrfach. Bestimmt sechsmal berichtete Emma von ihrem letzten Deutschtest, in dem sie richtig gut gewesen war, und Simon lobte sie jedes Mal sehr herzlich, da es wirklich jedes Mal eine neue Info für ihn war. Leo zeigte ihm spektakuläre Legobauten, die er entworfen hatte, mehrfach hintereinander. Auch er wurde jedes Mal stolz gelobt. Beide Kinder arrangierten sich mit Simons Hirn und freuten sich über den Zuspruch, der nun so häufig und jedes Mal so euphorisch kam.

Schwierigkeiten hatten sie mit etwas anderem: Simon schwankte in seiner Stimmung. Gegenüber den Kindern lebte er zwei Extreme. Entweder war er überbehütend und spielte den Laufburschen für die Kids, was sie selbstverständlich zu gern ausnutzten. Oder er war wenig verständnisvoll und explodierte leicht. Diesen stetigen Wechsel konnten Emma und Leo nicht einordnen. Regelmäßig ging ich dazwischen und holte mir den Ärger bei Simon ab. Ich wusste, dass es Kunibert war, der da motzte und schrie. Die Kinder jedoch sahen ihren Papa, der jähzornig geworden war.

Zum Glück gab es trotzdem immer auch die anderen Momente, in denen Simon zusammen mit Leo Raumschiffe baute und Emma vorlas. Im Laufe der Zeit wurden diese Stunden allerdings immer weniger – umso mehr saugten unsere Kinder jede Sekunde davon auf.

Eines Tages meinte Simon: »Du, kannst du nicht wieder oben bei mir schlafen? Ich vermisse dich.«

Ich schluckte, verneinte jedoch. Ich konnte es nicht. Zum einen hatte ich das Gefühl, dort oben neben Kunibert zu liegen und nicht neben Simon. Die Krabbe umhüllte diesen Raum mit einem Geruch, den ich nicht einordnen konnte. Es roch bedrohlich, die Haare auf meinem Arm stellten sich auf. Außerdem schlief ich zu wenig. Mein Hirn stand auch so schon permanent unter Anspannung, und wenn ich neben Simon lag, war es noch schlimmer. Jeder Atemzug, der nicht regelmäßig kam, machte mich nervös, und da Simon hin und wieder Atemaussetzer hatte, geriet ich leicht in Panik. Dazu schlug er nachts immer noch heftig um sich und schrie. An einem Abend, als ich neben ihm auf dem Sofa eingeschlafen war, bekam ich das zu spüren – ohne es zu wollen oder sich am nächsten Tag daran erinnern zu können, verpasste Simon mir ein Veilchen.

Ich vermisste meinen Mann ebenfalls, ein Teil war bereits verschwunden. Aber ich liebte auch den Teil von ihm, den Kunibert noch übrig gelassen hatte. Abends kuschelte ich gern mit ihm auf dem Sofa, jedenfalls so lange, bis er einschlief. Simon konnte das nie verstehen, und heute tut es mir leid, dass ich es ihm nicht näher erklärt habe, sondern das blaue Auge mit »Ach, das ist nichts, vermutlich habe ich mir etwas reingerieben« abgetan hatte, um ihn nicht zu beunruhigen. Hätte ich damals gewusst, wie wenig Zeit uns noch blieb, hätte ich neben ihm geschlafen, zur Not mit einem Ganzkörperschutzanzug.

Kunibert stellte in vielerlei Hinsicht eine Belastungsprobe dar, und ich ging zu verschiedenen Beratungsstellen, um zu klären, was und wie ich Simon gewisse Dinge sagen konnte. Eines Tages schrie er mich an, dass ich diese furchtbare Musik leiser machen sollte – es lief aber gar keine. In guten Momenten bat ich ihn, diese Problematik beim Arzt anzusprechen und um ein Kontroll-CT zu bitten, denn ich vermutete, dass der Tumorherd im Kopf gewachsen war.

»Vielleicht können sie dir dann helfen, mit Bestrahlung oder so«, sagte ich. »Der Tumor im Brustkorb ist dadurch schließlich auch geschrumpft.«

Simon verstand mein Problem nicht und wollte nichts davon hören. Ich wurde wütend und machte nun tatsächlich extrem laute Musik an, nur um ihn zu ärgern. Die Kinder fanden es prima, sie hüpften und tanzten, als feierten wir eine Party. Simon war sauer, mir war das egal, ich verschwand in der Küche und kochte Couscous, zum dritten Mal an diesem Tag. Die Minze ließ ich weg; Frustbewältigung.

Am Abend suchte ich erneut das Gespräch. »Du musst dir helfen lassen«, sagte ich und wies noch mal auf meinen Verdacht hin. »Bitte. Ich möchte dir so gern helfen. Und ... ich muss auch die Kinder beschützen.« Er sah mich groß an. »Nicht vor dir, Simon, vor Kunibert.«

Obwohl Simons Ausbrüche, von den nächtlichen Traumeskapaden abgesehen, nur verbaler Natur waren, litten die Kinder sehr darunter. Trotzdem lehnte mein Held weiterhin alles ab. Und dann tat ich etwas, das ich bis heute bitterlich bereue. Ich drohte damit, ihn zu verlassen.

»Wenn du das nicht kontrollieren kannst und dir nicht helfen lässt, dann werde ich gehen. Diese Schreiausbrüche können wir unseren Kindern nicht zumuten, das geht einfach nicht«, sagte ich. »Dann gehe ich. Ich helfe dir weiterhin als Freundin, egal was du machst. Aber ich bleibe nicht deine Ehefrau.«

Ich hätte ihn nie verlassen. Und trotzdem sagte ich es. Das war scheiße, und ich könnte mich immer noch dafür ohrfeigen.

Simon sah mich entsetzt an. Wir redeten. Lange, sehr lange. Erneut verabredeten wir ein Codewort, das ich ihm sagen sollte, wenn er das nächste Mal die Grenze überschritt und unfair gegenüber den Kindern wurde. Ich schrieb es auf verschiedene Memozettel und klebte sie überall dorthin, wo Simon regelmäßig vorbeilief. Ich wollte nicht, dass er es vergaß – denn das war mit dem Codewortplan zuvor geschehen.

Manchmal hilft ein Donnerwetter – nach diesem Abend war Simon deutlich entspannter. Bevor er zu platzen drohte, ging er vor die Tür. Ich atmete auf. Die Kinder entspannten sich ebenfalls. Vorerst war das Minenfeld geräumt.

Das Gefährlichste, das wir in den knapp sechs Jahren seit Kuniberts Einzug gemacht hatten, war, uns in Sicherheit zu wiegen. Während der Remission, also den vier Jahren, in denen Kunibert schlief und Simon symptomfrei lebte, hatten wir den großen Fehler begangen, nicht demütig zu sein, sondern selbstverständlich mit dieser wundervollen Zeit umzugehen. Der Alltag war zurückgekehrt und wir hatten irgendwann einfach weitergelebt, in der Hoffnung und der Überzeugung, dass Kunibert weit weg war und dort bleiben würde. Wir änderten nichts an unserer Weltanschauung und an unseren Prioritäten. Nichts bereue ich im Nachhinein mehr. Nie wieder würden wir so eine lange Zeit ohne jegliche Beschwerden haben. Es ist erschreckend, wie wir erst allmählich merkten, welches Glück wir damals gehabt und dass wir es nicht zu schätzen gewusst hatten. Könnte ich in der Zeit zurückreisen, würde ich mir selbst einen großen Zettel an den Kühlschrank kleben mit der Aufschrift: »Zeit ist nicht selbstverständlich. Nutze und genieße sie. Jeden Tag, jede Stunde.«

Nun rannte sie uns davon, und wir versuchten rauszuholen, was eben ging. Ob ein Tag perfekt ist oder nicht, hängt schließlich auch davon ab, welche Ansprüche man hat.

Mutter- und Vatertag standen an, und in unserem Umfeld gab es Familien, denen diese »Feste« besonders wichtig waren und die sich krampfhaft darum bemühten, ausgefüllte, harmonische Stunden zu verleben, nur um spätestens mittags der Verzweiflung nahe zu sein, weil sich weder Alltagskonflikte noch Bedürfnisse auf Knopfdruck an- und abschalten lassen.

Bei uns standen am Muttertag beide Heldenkinder gegen sechs Uhr an meinem Bett, dem Verdursten und Verhungern nahe. Dem Helden war durchgehend übel, und ich versuchte, irgendwas zum Frühstück zu machen, das dieses Gefühl nicht verschlimmerte. Obwohl wir Wert auf gemeinsame Mahlzeiten legten, aßen wir in Etappen, da die Kinder eben SOFORT! etwas essen mussten und selbstverständlich später keinen Hunger mehr hatten.

Statt gemeinsam etwas zu unternehmen, fuhr die Heldentochter mit ihrer Freundin zum See, und der kleine Batman nörgelte ununterbrochen, wie langweilig ihm nun war. Überhaupt sei ja alles ungerecht. Übellaunig überreichte er uns ein Geschenk, das er in der Kita gebastelt hatte. Als Emma am Abend feststellte, dass sie den Muttertag vergessen hatte, malte sie fix ein Bild. Und wieder war alles ungerecht, da die Heldenkinder ins Bett mussten und wir nicht. Unser Held plagte sich noch immer mit Magenkrämpfen, um schließlich kurz nach den Kids auf dem Sofa einzuschlafen.

In der Nacht vor dem Vatertag übernachtete eine von Emmas Freundinnen bei uns. Zum Frühstück gab es Crêpes für die Kinder, Haferflocken-Bananenpancakes für den Helden und Joghurt für mich. Immerhin aßen wir alle zusammen. Danach spielte die Heldentochter mit ihrer Freundin, bis diese zum Eisessen gehen wollte. Als ich die Einhornbändigerin an lästige Pflichten wie Hausaufgaben erinnerte, brach der Sturm los. Sie kreischte, wie gemein ich sei, stampfte die Treppen in ihr Zimmer hinauf und knallte alle Türen zu, die ihren Weg kreuzten. Der kleine Batman langweilte sich unterdessen sehr und vertrieb sich die Zeit mit Nörgeln. Zwischendurch stellten wir fest, dass das Klo verstopft war. Normalerweise kümmerte sich unser Held um Aufgaben wie diese, doch sein angeschlagenes Immunsystem hinderte ihn dieses Mal daran. Also machte ich mich mit Pümpel, doppellagigen Handschuhen und einem Müllbeutel auf den Weg.

Irgendwann funktionierte das Klo wieder, dafür sah das Badezimmer anders aus als gewünscht. Da ich eh gerade schon dabei war, putzte ich also gleich weiter. Macht nix, es gab ja noch den Kuchen, auf den ich mich freuen konnte, ganz hinten im Kühlschrank, damit ihn niemand vor mir fand.

Nebenan hörte ich die Heldentochter grummeln und von unten brüllte der kleine Batman, dass er nun endlich einen Obstteller wolle! Jetzt! Sofort! Auf dem Weg in die Küche sammelte ich gefühlte drölfzig Kinderklamotten ein, die ihren Weg auf mysteriöse Art und Weise nicht in den Wäschekorb gefunden hatten.

Unser Held baute währenddessen Lego. Er saß in Leos Kinderzimmer vor den Bausteinen und konstruierte den tollsten Turm. Allein versteht sich.

Mit Apfelschnitzen in der rechten und einer Banane in der linken Hand polterte der kleine Batman kurze Zeit später nach oben und begann mit vollem Mund eine Diskussion mit seiner Schwester, wie ungerecht es sei, dass er noch keine Hausaufgaben machen durfte.

Jetzt! Ich schlich zum Kühlschrank, öffnete erwartungsvoll die Tür und – stellte fest, dass der Kuchen leider nicht mehr gut war. Verdammt. In dem Moment, in dem ich die Kühlschranktür frustriert zuwarf, standen beide Kinder wie von Zauberhand plötzlich neben mir und fragten mich, was ich da mache. Schließlich sei es extrem ungerecht, wenn ich gerade versucht hätte, heimlich irgendetwas Leckeres zu essen. Ich summte vor mich hin und fragte mich, wo eigentlich die Hunde steckten.

»Die Gartentür ist auf.« Emma zeigte nach draußen. »Die sind bestimmt auf der Straße unterwegs.«

Abenteuertour durch die Siedlung, großartig. Zum Glück kamen sie relativ schnell angelaufen, als ich sie rief. Naja ... einer von beiden. Der zweite neigte zur Schwerhörigkeit, und es bedurfte des Klapperns des Leckerlidöschens, bis er angetrottet kam. Hund eins machte sich derweil über die Reste des Obsttellers her, der noch auf dem Tisch stand. Nachdem ich kurz meckerte, tobten die Hunde durchs Haus. Fellknäuel überall. Wo war noch mal der Staubsauger abgeblieben?

Die Heldentochter verzog sich nach oben und baute das Wort »Love« aus Legobausteinen zusammen, um es Papa-Eins zum Papatag zu schenken. Leo saß daneben und stellte fest, dass es ganz schön ungerecht sei, dass die Einhornbändigerin so viele rote Bausteine besaß und er nicht. Unser Held war inzwischen fertig mit Legobauen und spielte nun ein Spiel im Garten. Und ich? Stand in der Küche und kochte das Abendessen.

Ganz ehrlich: Alltag war geil, aber mal so richtig.

Am Abend, kurz nachdem die Kinder in ihren Betten lagen und Simon sich ebenfalls in die Nacht verabschiedete, sagte er: »Den Tag haben wir gerockt. Dann rocken wir den Rest auch. Und unseren Hochzeitstag feiern wir in Prag.«

Ich schaute ihm hinterher, wie er sich die Treppen hinaufschleppte, und lächelte.

# Wünsche

Auf unserer Bucket List waren noch viele Dinge offen, Prag war ein Punkt davon. Tatsächlich hatte uns eine gute Freundin zum 24. Juni 2018, unserem ersten Jahres-Hochzeitstag, in einem Hotel in Prag eingebucht. Simon und ich freuten uns sehr und waren trotz der nach wie vor anhaltenden Chemopause zuversichtlich, dass wir tatsächlich fahren konnten. Zwar sagten wir inzwischen immer mehr Einladungen zu Hochzeiten und Geburtstagen ab, unseren Hochzeitstag in Prag wollten wir jedoch schaffen. Der Reiseführer lag schon bereit, und wir freuten uns auf die Karlsbrücke.

»Vielleicht mache ich dir dort noch mal einen Antrag«, überlegte Simon und lächelte müde. Wir wollten mitnehmen, so viel noch ging, allerdings musste unser Held erst einmal wieder kräftiger und vor allem mobiler werden.

»Zur Not besorgen wir uns einen Rollstuhl und ich schieb dich durch unsere Liste«, meinte ich. »Auch wenn die Kinder maulen werden, weil sie laufen müssen und du nicht.«

Mein Mann lachte, die Idee gefiel ihm gut. Trotzdem ahnten wir, dass wir nicht alle Punkte schaffen würden.

»Du machst das alles dann aber trotzdem, oder?«, fragte er mich. Und ich versprach es ihm.

»Ich werde immer ein Foto von dir dabei haben und von überall eine Karte mit einem Luftballon in den Himmel schicken und dir erzählen, wie's war.«

Die Idee gefiel uns beiden. Und plötzlich geschah es –
Simon redete.

»Wenn es irgendwann so weit ist, dann lass uns versprechen, dass wir keine Angst davor haben werden«, bat er. Es
war das erste Mal, dass er so konkret vom Ende sprach.
Ich schluckte einmal, zweimal und presste hervor:»Ich
werde mir Mühe geben.« Versprechen konnte ich es nicht,
denn natürlich hatte ich Angst vor einem Leben ohne Simon. Ich wusste nicht, wie das überhaupt funktionieren
sollte. Wie würden die Kinder damit umgehen? Würden wir
zurechtkommen? Schon jetzt steckten wir in finanziellen
Schwierigkeiten. Denn neben Simons Arbeit war auch mein
Vierzig-Stunden-Job längst hinfällig geworden. Irgendwie wuselten wir uns durch, ständig jedoch plagte mich die
Angst, unser Zuhause verlassen zu müssen, weil sich keine
neue Unterstützungsmöglichkeit fand und wir die Miete
nicht mehr aufbringen konnten. Wie sollte es erst werden,
wenn ich ganz allein verantwortlich für alles war?

Seit sechs Jahren lebten wir mit Kunibert, und ich dachte lange, dass ich auf den Tod vorbereitet wäre, wenn er an
die Tür klopfte. Noch klopfte er zwar nicht (dachte ich), aber
es war klar, dass er bald klopfen würde. Ich fühlte mich noch
nicht bereit. Simon ganz bestimmt genauso wenig.

Als Emma ihre Erstkommunion gefeiert hatte, hatte
Leo gesagt:»Meine Schwester glaubt an Gott, ich nicht. Ich
glaube an Batman.« In letzter Zeit wünschte ich mir sehr,
dass ich ebenfalls an ein Wesen glauben konnte, dass in der
Lage war, Wunder zu vollbringen, Schurken und Kuniberte
zu besiegen oder wenigstens Trost zu spenden. Doch da war
nichts. Mein Superheld zerfiel vor meinen Augen.

Ich ahnte, dass sich auch Simons mentaler Zustand weiter verschlimmern würde, und ich ahnte, dass er irgendwann ein absoluter Pflegefall sein würde. In meinem naiven Denken damals glaubte ich, dass mir diese beiden Tatsachen beim Abschiednehmen helfen würden. Wenn mein Held mental nicht mehr bei sich wäre, dement und gebeutelt von Wahnvorstellungen oder Halluzinationen, würde ich ihn vielleicht merkwürdig und anstrengend finden. Wenn er es nicht mehr schaffte, allein zu essen, sich zu waschen oder aufs Klo zu gehen, würde das Gefühl vielleicht noch intensiver. Ich dachte wirklich, dass es mir diese Dinge erleichtern konnten, weil der Stressfaktor für mich doch stieg. Möglicherweise wäre ich dann abgeklärter und würde weniger lieben. Später stellte ich fest: Natürlich geschah das nicht. Simons Zustand wurde zwar genauso wie von mir befürchtet, aber weniger geliebt habe ich ihn deswegen nicht. Ich fand ihn weder merkwürdig noch eklig oder anstrengend. Ich liebte ihn unvermindert, nicht weniger. Ich war ganz und gar nicht vorbereitet.

Heute frage ich mich: Geht das überhaupt? Kann man sich vorbereiten auf ein Leben ohne den anderen, solange man noch ein Wir ist? Ich weiß es nicht, ich glaube nicht.

Ob Simon vorbereitet war? Bei diesem Gespräch platzte aus ihm heraus: »Wenn ich beatmet werden oder künstlich ernährt werden muss und dir die Ärzte sagen, dass es keine Chance auf Besserung gibt, dann hilf mir bitte. Ich möchte nicht vor mich hinsiechen, womöglich Schmerzen haben und mich nicht wehren können. Ich möchte nicht künstlich am Leben gehalten werden, wenn es keine Möglichkeit der Besserung gibt.«

Ich saß da und wusste nicht, was ich sagen sollte. Schließlich verwies ich auf die Patientenverfügung, die sicherstellen würde, dass seine Wünsche befolgt wurden – sofern er sie denn ausfüllte. Simon nickte und meinte: »Morgen erledige ich das.« Selbstredend tat er das nicht.

Mir ging noch eine weitere Frage durch den Kopf. »Du meintest doch mal, dass du Angst vor Friedhöfen hast, oder? Hast du dir überlegt, was du dir stattdessen für dich vorstellst? Also hoffentlich erst in vielen Jahren, aber hast du Gedanken dazu?« Es war so seltsam, diese Dinge zu erörtern, so als würde man damit den Tod einladen, jetzt bald zu kommen. Gleichzeitig tat es gut, es laut auszusprechen.

Simon überlegte. »Du hast recht, ich mag keine Friedhöfe«, sagte er. »Die sind dunkel und grau, und ich möchte nicht, dass sich unsere Kinder gruseln müssen, wenn sie dort sind.« Ihn selbst beschlich jedes Mal ein beklemmendes Gefühl, wenn er auf einem Friedhof jemanden »besuchte«. Schon immer, nicht erst seit Kunibert. »Und sie sollen kein Schwarz tragen«, fügte unser Held hinzu. »Egal ob man das so macht oder nicht. Wir machen das nicht.«

Wir redeten über Seebestattungen oder eine Wiese.

»Ein Wald wäre auch toll«, meinte Simon. »Letzten Sommer waren wir doch oft in Wäldern unterwegs. Die haben so was Ruhiges. Ich will dann ein letztes Mal meine Lieblingsmusik hören, und ich möchte, dass alle wissen, wie schön das Leben sein kann. Wenn ich einmal sterbe, bin ich vermutlich froh darüber, dass es passiert ist. Die Zeit davor wird es mir nicht gut gegangen sein. Freut euch dann also mit mir, dass ich es geschafft habe. Ach ja«, er hielt kurz inne, um mich anzusehen. »Und ich möchte nicht, dass die

Maden im Boden die Reste von Kunibert fressen, ich möchte nicht gefressen werden. Eine Urne ist mir symphytischer.«

Dieses Gespräch war so trocken, dass mir das Blut in den Adern gefror. Sonst hatte mein Held nie über diese Themen reden wollen, in diesem Moment jedoch sprudelte es plötzlich richtig aus ihm heraus. Ich glaube, er rechnete nicht damit, dass das alles zeitnah geschehen könnte, aber er glaubte auch nicht mehr daran, dass er Leos Einschulung im nächsten Sommer noch erreichte – da bin ich mir sicher.

So schnell das Gespräch startete, so schnell wandte es sich in eine andere Richtung. Auf einmal sprach Simon wieder von Prag, von Hamburg und der Kieztour, auf die wir dort unbedingt gehen wollten. Er redete von der Karlsbrücke, vom Legoland und vom frühen Aufstehen, wenn wir pünktlich auf dem Fischmarkt sein wollten. Und ich träumte nur allzu gern mit ihm.

# Planänderung

»Sie sehen wirklich richtig krank aus, man sieht, wie aktiv das Myelom ist.« Das war die Begrüßung des Chefarztes beim nächsten Termin im Transplantationszentrum. Ach was ... ehrlich?! War uns noch gar nicht aufgefallen ... Der Mediziner ging die Blutwerte durch und erfragte Simons Gesamtzustand. Am Ende seufzte er tief, spielte mit seinem Kugelschreiber herum und sagte schließlich: »Probieren wir etwas Neues.«

Hallo Plan D, hallo Antikörpertherapie. Der Arzt erklärte uns, was er vorhatte: Am ersten Therapietag sollte unser Held via Acht-Stunden-Infusion Antikörper bekommen. Kuniberts Zellen trugen ein bestimmtes Protein auf ihrer Hülle, und die Antikörper dieser neuen Therapie sollten dieses Protein erkennen, sich daran anheften und die Zellen zerstören. Das klang vielversprechend, und auch wenn wir misstrauisch geworden waren bezüglich der Zuversicht der Ärzte gegenüber einem bestimmten Ansatz – zum ersten Mal seit Langem keimte so etwas wie Hoffnung in uns auf.

Zunächst mussten wir jedoch abwarten, wie Simon auf die Infusion reagieren würde; deshalb sollte sie so langsam tröpfeln. Käme er gut damit zurecht, ginge es beim nächsten Mal schneller. Der Arzt plante acht Wochen mit je einer Infusion wöchentlich.

»Falls die Therapie bis dahin anschlägt, gehen wir auf eine Infusion alle zwei Wochen, dann alle vier«, erklärte er uns.

Ziel war es, Kunibert endlich zurückzudrängen, eventuell sogar so weit, dass eine weitere Hochdosis-Chemo mit anschließender autologer Stammzelltransplantation (also Stammzellen, die Simon sich vorher selbst spendete) möglich würde. Dafür musste Kunibert allerdings ordentlich müde werden. Wenn man Simon so ansah, wie er schmal geworden und entkräftet auf seinem Stuhl hockte, schien das unmöglich. Und dennoch setzten wir in diesem Moment alle unsere Hoffnungen auf die Antikörperinfusionen, die es Simon bitte, bitte ermöglichten, wieder mehr teilzuhaben und zu lachen. Die uns etwas mehr Alltag zurückgaben und ein bisschen Leben schenkten.

Dieses Mal versicherte uns der Arzt beim Abschied nicht, dass alles gut werden würde, sondern sagte, dass unser Held schwer krank sei. »Ich hoffe sehr, dass die Therapie nun endlich greift, Herr Gillmeister, sonst überlege ich mir etwas anderes.« Er wirkte ganz sachlich, klar in seinen Worten. Er redete nicht nur, er sagte auch was.

So verließen wir die Klinik zum ersten Mal seit Langem zufrieden und fast glücklich und machten uns auf den Weg zur Eisdiele, wo wir Plan D mit Karamelleis und bunten Streuseln obendrauf feierten.

Das Wochenende nach der ersten Antikörperinfusion versuchte ich, Simon so viel Ruhe zu verschaffen wie möglich. Es ging ihm nicht gut, gar nicht. Fast das ganze Wochenende verschlief er, und ich schlich immer wieder ins Schlafzimmer, um nachzusehen, ob alles in Ordnung war. Manchmal musste ich ihn wecken, damit er irgendein Medikament nehmen und etwas essen konnte. Meine Taktik, alle Nahrungsmittel mit Mandelmus anzureichern, zeigte allmählich Wirkung: Simon hatte ein Kilo zugenommen!

Ansonsten wich unsere Hoffnung schnell düsteren Aussichten, denn die Antikörpertherapie, die doch den ersehnten Durchbruch bringen sollte, brachte vor allem eines mit sich: Nebenwirkungen. Die Blutwerte wurden nicht besser, Kunibert war allgegenwärtig. Ich konnte von Minute zu Minute sehen, wie Simon schwächer wurde. Der Arzt hatte uns gebeten, geduldig zu sein, da diese Therapie bis zu sechs Wochen brauchen konnte, bis sie wirkte. Doch wie soll man bitte geduldig sein, wenn der Mensch, den man liebt, sichtbar zugrunde geht? Simons Uhr tickte immer lauter, immer bedrohlicher – da glich das Wort »Geduld« blankem Hohn.

Die Situation spitzte sich zu, als bei den Kindern Auffälligkeiten zutage traten. Leo entwickelte Verlustängste und war deutlich weinerlicher als sonst. Emma hatte Albträume und igelte sich ein. Freunde, die uns oft versprochen hatten, uns zu unterstützen, sahen wir kaum noch. Es heißt ja, dass man wirklich gute Freunde erst dann erkennt, wenn es im Leben einmal schwierig wird. Nun ja, das kann ich bestätigen, sowohl in Simons Freundeskreis als auch in meinem. Es war frustrierend. Wir fühlten uns oft alleingelassen und einsam. Wir hatten uns, aber von Tag zu Tag wuchs meine Befürchtung, dass das nicht mehr lang so sein würde. Ich sprach mit den Kindern.

»Die Chemoritter waren nicht stark genug, und neues Blut haben wir auch nicht gefunden«, gestand ich ihnen. »Papa ist sehr krank, und ich weiß nicht, ob es noch mal besser wird.« Ich weiß nicht, ob ich in meinem Leben schwerere Worte ausgesprochen habe.

»Muss er jetzt doch sterben?«, fragte Emma.

»Ich weiß es nicht.«

Leo machte ein zuversichtliches Gesicht und sagte: »Ich glaube nicht, Batman passt auf ihn auf.«

Während ich mit den Tränen kämpfte, brach zwischen den Kindern eine Grundsatzdiskussion aus: Gott gab es, Batman nicht. Und andersherum. Am Ende waren sie sich jedoch einig: »Es wird bestimmt wieder besser, Mama. Papa muss noch nicht sterben«, sagte Emma, und Leo nickte.

Einige Nächte später musste unser Held aus Sicherheitsgründen ausziehen.

Am frühen Morgen, irgendwann um kurz vor fünf Uhr, meldete sich die Einhornbändigerin und klagte über dolles Bauchweh. Und wenn Emma Bauchschmerzen hatte, dauerte es in der Regel nicht lange, bis sie einen Eimer am Bett brauchte. Keine dreißig Minuten später war es so weit. Ich torkelte durch das Haus, um irgendwas zu finden, das ich ihr ans Bett stellen konnte, und band der Heldentochter noch schnell die Haare zusammen. Danach putzte ich das Bad und versprühte ein Fläschchen Desinfektionsmittel. Es sollte nicht das letzte Mal gewesen sein.

Eine Stunde und zwei gefüllte Eimer später stand der kleine Batman auf und jammerte ebenfalls über Bauchschmerzen. Hat es einer, haben es alle. Mir wurde auch schon ganz flau, wenn auch eher aus psychischen Gründen. Das rege Treiben in unserem Haus weckte schließlich den Helden, dessen Magen zum Glück keine Beschwerden zeigte.

»Bleib bloß im Schlafzimmer«, rief ich ihm zu, während ich alle Türgriffe desinfizierte. »Im restlichen Haus ist Quarantäne angesagt.«

Eine Weile pendelte ich zwischen dem Zimmer der Einhornbändigerin und dem Badezimmer hin und her. Um halb neun verließ unser Held das Haus, um eine Bluttransfusion zu erhalten, da die Anzahl der Leukozyten, der roten Blutkörperchen und der Thrombozyten in seinem Körper unterirdisch war. Simon war in ein neues Immuntief gesunken, was denkbar ungünstig war mit dem Magen-Darm-Virus zu Hause.

Während er den Vormittag beim Arzt verbrachte, verbrauchte ich unseren gesamten Vorrat an Desinfektionsmitteln, um alles virenfrei zu bekommen. Ich habe keine Ahnung, wie oft ich das Klo, die Wasserhähne und die Türgriffe schrubbte ... Die Kinder machten es sich derweil mit Salzstangen und Toastbrot auf dem Sofa bequem.

Nach seiner Rückkehr vom Arzt packte Simon seinen Koffer. Bereits am Morgen hatten wir besprochen, dass es besser für ihn wäre, unser Virenlager zu verlassen. Trotz aller Vorsichtsmaßnahmen war die Gefahr einer Ansteckung einfach zu groß. Und wie hätte unser Held sein Gewicht halten sollen, wenn er den Tag über der Kloschüssel verbrachte? Bekäme er sogar Fieber, wäre ihm ein Krankenbett im Iso-Zimmer der Klinik sicher.

Als wir es in den Kindern erzählten, gab es Tränen vom kleinen Batman. Die Einhornbändigerin reagierte in diesem Moment einmal mehr zu erwachsen und versuchte ihrem Bruder zu erklären, dass es besser so sei.

Knapp zwei Stunden später, gegen 17 Uhr, holte Simons Vater unseren Helden ab. Die Stimmung bei allen Beteiligten war merkwürdig, denn obwohl wir uns einig waren, dass es das Beste war, fühlte sich Simon irgendwie rausgeworfen.

Während ich ihm hinterherwinkte, spürte ich eine gewisse Erleichterung. Unser Held würde zwei bis drei Nächte bei seinen Eltern verbringen und konnte dort vielleicht etwas ausspannen und ausschlafen, ohne dass eines der Kinder etwas von ihm wollte oder ihr Spiellärm ihn weckte. Auch würde er bei seinen Eltern kaum auf die Idee kommen, die Bohrmaschine aus dem Keller zu holen, obwohl er sie kaum noch halten konnte. Und Quittungen sortieren konnte er ebenfalls nicht. Stattdessen war Hotel Mama angesagt – genau das Richtige zurzeit. Und um ehrlich zu sein: In diesem Moment war ich einfach erleichtert, nicht die Verantwortung dafür tragen zu müssen, dass Simon sich nicht ansteckte, auch wenn er etwas beleidigt zu sein schien.

Uns tat die kleine Auszeit genauso gut. Zwar vermissten die Kinder ihren Papa, aber das erste Mal seit langer Zeit mussten sie nicht mit ansehen, wie sehr Simon jeden Tag körperlich abbaute. Das, was viele unserer »Freunde« nicht ertragen konnten, sodass sie nicht mehr vorbeikamen, sahen unsere tapferen Minihelden jeden Tag. Simon fehlte, in jeder Sekunde fehlte er. Und trotzdem war diese Pause gut für uns alle. Ich musste nachts nicht befürchten, dass Simon meine Hilfe brauchte oder etwas passierte. Ich wusste ihn in guten Händen und schlief seit Wochen das erste Mal lang und tief.

Als Simon ein paar Tage später nach Hause zurückkehrte, stand ein Termin mit einer Gutachterin des MDK (Medizinischer Dienst der Krankenversicherung) an, die uns einen Hausbesuch abstatten wollte, um den Pflegegrad unseres Helden einzuschätzen. Denn der Bedarf an Hilfe, die Simon jeden Tag brauchte, wuchs täglich. Darüber hinaus war eine Pflegestufe gleichbedeutend mit Pflegegeld, das wir dringend benötigten, da wir beide seit geraumer Zeit nur noch Krankengeld bezogen und das Geld an jeder Ecke fehlte. Um Simon seine kalorienreiche Nahrung zuzubereiten, gab ich Unsummen für Lebensmittel aus. Ein weiteres Vermögen ging an die Taxiunternehmen, da die Krankenkasse lange nicht alle Fahrtkosten übernahm. Und schließlich setzte Simons Hirn immer häufiger aus, und via Internet bestellte er lustig irgendwelche Dinge, die wir nicht brauchten, vorzugsweise Schuhe und Gartenutensilien. Ich bekam das erst mit, als die Massen an Päckchen eintrafen. Bei einigen verpasste ich die Rückgabefrist, langsam wurde es echt eng.

Trotzdem war es mir wichtig, dass für die Minihelden alles beim Alten blieb. Sie machten sich ohnehin schon viel zu viele Sorgen und sollten nicht noch mehr Verlust hinnehmen müssen. Trotz des desaströsen Kontostands bekamen sie weiterhin all das, was sie gernhatten, die geliebte Honigmelone, Erdbeeren, den Lieblingskäse und die Lieblingswurst, hier eine Zeitschrift und da ein Schoko-Ei. Das bunte Eis mit noch bunteren Streuseln blieb selbstverständlich auch obligatorisch. Um das alles stemmen zu können, setzte ich vorrübergehend mit diversen Altersvorsorgen und nur halb wichtigen Versicherungen aus. Es war alles sehr eng, doch bislang klappte es.

Würde die Gutachterin des MDK Simon eine hohe Pflegestufe bescheinigen (und alles andere wäre ein Witz gewesen), konnte uns das damit verbundene Pflegegeld also zumindest die finanzielle Last von den Schultern nehmen. Darüber hinaus hoffte ich, dass uns der MDK helfen würde, an ein paar sinnvolle medizinische Hilfsmittel ranzukommen. Eine Urin-Ente, ein Klostuhl, eventuell ein Rollator und ein Badewannenlift wären mir zum Beispiel bares Gold wert gewesen.

Simon zögerte zuerst, als ich das Thema ansprach. Jedoch räumte er schnell ein, dass diese Hilfsmittel nötig waren und den Alltag schon längst erleichtert hätten. Unser Held verlor schnell die Übersicht. Die Nächte wurden noch unruhiger, das Gedächtnis noch schlechter und die Stimmungsschwankungen kehrten zurück. Simon beschwerte sich, wenn der Couscous zu warm oder zu kalt war. Er fragte oft, warum ich nicht endlich mit unserem dritten Hund Gassi ging, obwohl wir nie mehr als zwei Hunde besaßen. Er forderte, dass ich den Rasen mähte, jetzt. Sofort. Ungeachtet des Starkregens, der draußen an den Fenstern vorbeirauschte. Nachts stand er regelmäßig auf, wollte Frühstück und verstand nicht, warum der Tisch nicht schon um halb drei in der Nacht gedeckt war.

Im Grunde waren das aber alles Peanuts, denn im Gegensatz zu früher konnte ich ihn oft und schnell beruhigen, sodass er nur selten laut wurde. Die Hilfsmittel aber, die mussten ran.

Entsprechend aufgeregt war ich, als die Gutachterin des MDK an unserer Haustür klingelte. Wir setzten uns ins Wohnzimmer und beantworteten viele Fragen. Obwohl die Dame sehr nett war, bedrückte uns das Gespräch sehr, weil wir so deutlich wie selten zuvor über die alltäglichen Auswirkungen von Kunibert sprachen. Es war nicht schön.

Im Anschluss machten die Gutachterin und ich einen Hausrundgang. Sie stellte einen Pflegegrad fest und bescheinigte uns den Anspruch auf diverse medizinische Hilfsmittel. Wenngleich es uns gerade darum gegangen war, machte mir die Aussicht, all diese Dinge in unserem Zuhause zu haben, plötzlich Angst.

# Versuch erst gar nicht, es richtig zu machen

Es wurde Juni, und während rund um uns herum alle Welt in Vorfreude auf die großen Ferien das schöne Wetter genoss, fanden wir uns damit ab, dass unser Urlaub erneut ausfallen würde. Obwohl wir ihn bitter nötig gehabt hätten. Mit der Gutachterin vom MDK hatten wir über eine Familien-Reha gesprochen, die jedoch nicht infrage kam, weil wir dafür Simons Antikörpertherapie hätten unterbrechen müssen – die einzige Hoffnung auf mehr Zeit, die uns noch blieb.

Auch dass wir unseren ersten großen, richtigen Hochzeitstag weder in Prag noch in Hamburg feiern würden, war uns inzwischen bewusst. Wir hofften stattdessen auf einen ruhigen Abend ohne Schmerzen, dafür mit bestellter Pizza vom Lieblingslieferservice. Wir wussten, dass wir die Einschulung von unserem Sohn nicht zusammen erleben würden, und planten darum, dass er bereits dieses Jahr eine kleine Schultüte bekommen sollte – schließlich wurde er ein Vorschulkind. Das zählte doch auch.

Wir schraubten unsere Vorstellungen und Wünsche immer weiter runter, wir passten sie an unser Leben an und waren dankbar für jeden Tag, an dem es möglich war, zumindest ein Brettspiel zusammen zu spielen. All diese Dinge waren plötzlich so schön, so besonders, und mir tat es leid, dass wir genau jene Momente in der Vergangenheit als selbstverständlich hingenommen hatten. Warum bedarf es einer Krabbe, um die wirklich wichtigen Dinge im Leben zu sehen? Ich ärgerte mich darüber wirklich sehr.

Doch auch wenn wir versuchten, jeden Windzug wahrzunehmen, und jeden Morgen, an dem wir zusammen Kaffee trinken konnten, zu genießen, wurde der Raum um uns immer enger. Simons Magen hatte immer öfter mit Übelkeit zu kämpfen. Sein Kopf spielte ihm noch häufiger Streiche. Langsam wurde es gefährlich. Wenn er sich etwas auf den Herd gestellt hatte und es an der Tür klingelte, vergaß er den Herd, noch während er die Tür öffnete. Nachdem dies dreimal passiert war, erteilte ich ihm Küchenverbot.

Rasieren wurde schwer, weil seine Hand ihm nicht mehr gehorchen wollte. Duschen wurde grenzwertig, da die Heldenknie immer weicher wurden. Zu den Hilfsmitteln, die der MDK für uns beantragt hatte, gehörten ein Duschhocker und ein Klostuhl, doch keines davon war bereits eingetroffen, sodass wir improvisieren mussten. Ein Hoch auf eine breite Dusche und Gartenstühle! Die nächtlichen Toilettengänge wuchsen sich immer mehr zu einem Abenteuer aus. Zumindest für kleinere Angelegenheiten nutzen wir irgendwann Eimer. Nicht besonders schön, aber besser, als mehrfach die Treppe zum Klo hinuntersteigen zu müssen.

Unsere Kinder bekamen von alldem nichts mit. Wir befürchteten, dass es sie befremden, wenn nicht gar ängstigen würde, und überlegten schon, wie und wo wir den Klostuhl verstecken konnten, sobald er endlich eintraf.

Am Tag hörte Simon oft Musik und war sich sehr bewusst, dass etwas nicht stimmen konnte, da sämtliche Stereoanlagen ausgeschaltet waren. Er konnte mir immer genau sagen, was er gerade hörte, und von furchtbaren Dingen wie Volksmusik über Heavy Metal war alles dabei.

Eines Abends, wir saßen in unseren Schaukelstühlen auf der Terrasse und Simon war kurz davor einzuschlafen, meinte er: »Ich höre gerade *Time of my life* aus *Dirty Dancing*.« Das war irgendwie romantisch. Freaky, spooky, aber auch romantisch.

Simon wurde immer mehr zu meinem dritten Kind, das mehr Aufmerksamkeit und Beaufsichtigung brauchte als die anderen zwei. Das größte Problem waren jedoch nicht die mentalen Aussetzer per se, sondern die Tatsache, dass Simon sie bemerkte und nichts daran ändern konnte. Er wurde depressiv, da halfen auch das leckerste Eis und der beste Couscous nichts mehr.

Und wenn du denkst, es kann nicht schlimmer kommen, dann hast du einen Termin in der Klinik. Eigentlich fuhren wir ganz guter Dinge hin, da wir mit wenigen Neuigkeiten rechneten und keine Neuigkeiten gleichbedeutend waren mit keinen schlechten Neuigkeiten. Ich sagte ja schon, dass wir nahmen, was wir kriegen konnten.

Wie üblich fuhren wir mit dem Taxi und waren als Stammgäste einiges gewohnt. Die Fahrerin des heutigen Tages schoss den Vogel jedoch endgültig ab. Bereits als wir einstiegen, wirkte sie recht genervt, und nachdem Simon ihr unser Ziel genannt hatte, motzte sie: »Boaaa, da komm ich doch gerade erst her!«

Liebe Taxitante, es tut mir ja wirklich leid, dass Sie Ihren Job machen müssen, aber auch wir würden lieber von Ihnen ins Kino gefahren werden. Hätte ich gern gesagt, schwieg jedoch. So viel Unhöflichkeit überrumpelt mich gern. Während der Fahrt führte unsere Fahrerin ständig Privatgespräche mit dem Handy – via Freisprecheinrichtung versteht sich. Unter anderem sprach die nette Dame mit einer Freundin über jemanden, dem am nächsten Tag eine Rücken-OP bevorstand, wie furchtbar das sei und dass es kaum etwas Schlimmeres gebe. Es wurden geschmacklose Witze über Ärzte, Patienten und Tod erzählt. Jackpot. Später telefonierte sie mit ihrer Mutter und ließ sie wissen, dass sie gerade auf dem Weg in die Charité sei, weil: »Da welche hinwollen, dabei komme ich da gerade erst her, Mann ey!«

Ich überlegte kurz, ob ich sie darauf hinweisen sollte, dass wir hinter ihr saßen und alles mitanhörten. Auch das ließ ich bleiben. Irgendwann waren wir endlich da, sparten beim Aussteigen am Trinkgeld und taten das, was wir am besten konnten: warten. Warten. Noch mal warten. Dem Held sollte erneut Blut abgenommen werden, um die Werte zu überprüfen, und wir schlossen Wetten darauf ab, wie hoch der Thrombozytenwert und die Anzahl der Leichtketten sein würden. Ich tippte auf einen Thrombowert von 35, der Held auf 22 – beides lächerliche Zahlen: Bei einem gesunden Menschen sollte der Wert zwischen 150 und 360 liegen, und bei weniger als zwanzig gibt es eine Bluttransfusion. Es stellte sich heraus, dass unser Held recht behielt: 22, auf den Punkt genau. Andere Patienten wären nun vielleicht in eine Starre verfallen oder in Verzweiflung ausgebrochen. Wir jedoch klatschten uns ab, weil Simon die Wette gewonnen und damit ein Stück Kuchen vom Lieblingskonditor bei mir gut hatte. Die Schwestern der Blutabnahme sahen uns ganz merkwürdig an. Aber wenn weinen nicht mehr hilft, dann lacht man eben wieder.

Später im Arztzimmer wurde es plötzlich ruhig. Der Mann in Weiß erschrak beim Anblick des allgemeinen Blutbildes. Die Leukozyten lagen bei 0,9, womit unser Held hochgradig infektionsgefährdet war und ab einer Temperatur von 38 Grad Celsius sofort in die Klink müsste.

Mich hingegen ließ der Leichtkettenwert in Schnappatmung verfallen. Bei gesunden Menschen liegt er bei etwa zehn bis zwanzig. Unser Held hatte in der bislang schwierigsten Phase einen Wert von 1.900 gehabt. Nun sprach der Arzt von über 3.000 ...

Nachdem wir wie üblich die Nebenwirkungen abhandelten, über die ständige Übelkeit und das toxische Blutbild diskutierten, bat ich den Doktor sehr eindringlich um Dronabinol – medizinisches Cannabis. Abgesehen von Schmerzlinderung ist das Zeug appetitanregend und stimmungsaufhellend. Nach etwas Überzeugungsarbeit stellte mein neuer Lieblingsarzt tatsächlich nicht nur ein Rezept aus, sondern schrieb auch einen Antrag für die Krankenkasse zur Kostenübernahme. Hurra.

Bevor wir das Sprechzimmer verließen, fragte ich den Arzt, ob er glaube, dass Simon noch mal auf die Beine käme. Er wollte nicht antworten. Dennoch waren wir erleichtert. Die Blutwerte waren grausam, die Leichtketten viel höher als gedacht, aber der Arzt hatte mit uns gesprochen. Ruhig und gewissenhaft. Es kamen keine Sätze mehr wie: »Alles wird gut.« Nein, der Doktor hatte sich Zeit genommen, blieb endlich ehrlich und antwortete auf alle Fragen. Wir verließen das Klinikgelände mit schlechten Nachrichten, aber immerhin hatten wir Klarheit, so grausam sie auch sein mochte.

Wir gingen zum Imbiss gegenüber, setzten uns schweigend an einen Tisch und stießen mit Vitamalz an – auf die letzten Jahre, auf die Hoffnung, dass es unser Held doch noch einmal schaffen würde sich zu erholen. Wir stießen darauf an, dass wir in zwei Wochen unseren ersten »echten« Hochzeitstag feiern würden, und auch darauf, dass wir wussten, woran wir waren.

Eine Rarität bahnte sich an, etwas Unglaubliches: Besuch kündigte sich an. Das war so selten geworden, dass es sich wie Weihnachten und Ostern zusammen anfühlte. Seit Wochen hatte sich niemand mehr zu uns getraut; während links und rechts von unserem Garten alle Menschen grillten und die Gemeinschaft genossen, blieb unser Haus leer. Faszinierend. Außer bei Zufallsbegegnungen trafen wir niemanden. Menschen, mit denen wir zum Teil gut befreundet gewesen waren: nichts. Leute, die uns bei der DKMS-Aktion geholfen hatten: auch nichts. Vielleicht hätten wir darauf hinweisen sollen, dass Kunibert nicht ansteckend ist ...

Stattdessen gab es Ratschläge. Ich bekam Hinweise, wie ich am besten handeln sollte, und zwar nicht von Nachbarn, sondern oft von Menschen, die ich kaum kannte. Zeitweise hatte ich das Gefühl, dass viele Augen und noch mehr Ohren auf mich gerichtet waren. Viele sahen zu, gaben Tipps, aber einfach mal vorbeikommen? Nö, nix. Es war so ähnlich wie kluge Ratschläge bezogen auf Kindererziehung. Jeder Außenstehende weiß es grundsätzlich besser. Und besonders gut wissen die Bescheid, die gar keine Kinder haben.

Wie schön wäre es gewesen, wenn diejenigen, die sich so genau auskannten mit der Betreuung eines Schwerkranken, dass sie mir Ratschläge erteilen mussten, einfach vorbeigekommen wären, um einmal hallo zu sagen, statt mir vielleicht ja gut gemeinte, doch ziemlich unnütze Nachrichten zu schreiben.

Nun hatte sich Simons bester Freund samt Frau und Kind eingeladen, und der Held freute sich riesig auf diesen Nachmittag. Es war herrlicher Sonnenschein, der Wind wehte sacht und wir konnten nur kleine Schäfchenwolken am Himmel sehen. Wir grillten, Simon aß, redete viel und lachte noch mehr. Die Gespräche kreisten um die Kinder, um den Rasen, der dringend gemäht werden musste. Wir sprachen davon, dass wir uns unbedingt ein Lastenrad besorgen sollten, da unser Auto nur noch Deko war. Wir redeten darüber, dass es dieses Jahr kaum Mücken gab und woran das wohl lag. Die Männer scherzten, die Kinder spielten und ich konnte mich zurücklehnen. Simons Beine hielten durch, er wurde zwar irgendwann müde, aber das zählte in diesem Moment nicht. Es war ein so unglaublich ausgelassener Nachmittag, so schön, fast wie früher. Es gab keine Tipps für mich, auch keine Fragen zu Kunibert. Es war einfach nur ein Grillnachmittag mit Freunden. Endlich hatten wir mal wieder das Gefühl, normale Menschen zu sein, deren Anwesenheit keine verheerenden Auswirkungen auf ihr Umfeld hatte.

Es folgten ein paar Tage, an denen es Simon dank Bluttransfusionen ganz gut ging, sodass wir am Wochenende erneut grillen konnten. In den letzten Jahren hatten wir das viel zu selten gemacht und uns vorgenommen, 2018 häufiger den Grill anzuwerfen. Die Einhornbändigerin bekam ihren Grillkäse, Leo freute sich über Nürnberger und sogar Simon aß etwas Fleisch.

Jenes Wochenende war etwas ganz Besonderes, weil die Kinder sehr, sehr friedlich waren, sich weder stritten noch anzickten. Nichts. Simons Hirn hielt auch durch, und in den Nächten geschah nichts Nennenswertes. Wir verbrachten an diesen zwei Tagen viel Zeit zusammen. Einen Ausflug zum See unternahmen wir ohne Simon, ich schickte ihm jedoch viele Fotos von unterwegs und am Abend kuschelten sich unsere Kinder zu ihm aufs Sofa und erzählten ihm in allen Einzelheiten davon.

Unser Haus war lebendig an diesem Wochenende, lebendig und gefüllt mit Lebensfreude. Wir saßen beieinander und sahen uns alle zusammen alte Fotos an; unsere Hochzeitsfotos, Fotos von den Kindern kurz nach der Geburt, Fotos von den ersten Dates von Simon und mir. Und natürlich zeigten wir unseren Kindern auch das Foto, in das ich mich unsterblich verliebt hatte. Das Bild mit dem Fotolächeln, der blauen Jacke und einer riesigen Kaffeetasse. Oh, wie sehr ich dieses Foto liebe!

An diesem Wochenende herrschte eine ganz spezielle Aura in unserem Haus. Es mag seltsam klingen, es war aber so. Es fühlte sich so unbeschreiblich warm und schön an. Was wir zu diesem Zeitpunkt nicht im Ansatz erahnten, war die Tatsache, dass es unser letztes Wochenende zu viert war. Es waren die letzten Tage, an denen Emma ihren Momo-Papa sah. Am Mittwoch verabschiedete sie sich zu ihrem Papa-Eins, um am Montag darauf auf eine Klassenfahrt zu gehen.

Und als hätte ich es geahnt, sank meine Stimmung wenige Tage später auf den Tiefpunkt. Ich fühlte mich komplett überfordert, ich war einsam, da halfen selbst die buntesten

Streusel auf dem Eis nichts mehr. Fluchtgedanken überfielen mich, und am liebsten hätte ich mir meine Joggingschuhe angezogen, meine Kopfhörer aufgesetzt und wäre laut schreiend davongelaufen. Ich wollte das alles nicht mehr. Simon wollte das alles nicht mehr. Ich fürchtete mich vor dem Tag, an dem ich feststellen musste, dass es mir nicht gelungen war, die Kinder ausreichend aufzufangen. Ich fürchtete mich vor dem Tag, an dem ich feststellen musste, dass alles nichts geholfen hatte. Ich fürchtete mich vor unserem Schlafzimmer, in dem es nach Kunibert roch und die Luft so stickig war, dass ich kaum atmen konnte. Überall in diesem Raum standen irgendwelche Kotzeimer herum, »Ich muss aufs Klo«-Eimer, medizinische Hilfsmittel und Verbandsmaterial. Im Schrank lagerten kistenweise Mundschutzdinger und Handschuhe. Ich wollte das nicht mehr sehen. Ich wollte rennen, einfach nur rennen. Allerdings wäre ich, so müde, wie ich inzwischen war, vermutlich nicht weit gekommen. Vor Kunibert zu flüchten war nicht möglich – das Vieh hätte mich überall eingeholt. Ich hatte ein schlechtes Gewissen, weil ich nicht länger die fürsorgliche Angehörige sein wollte. Kunibert nahm nicht nur jeden Tag ein Stück unseres Helden mit sich, sondern auch ein Stück von mir und den Kindern. Ich suchte mein Ich. Ich vermisste Simon, wo war er nur geblieben? Der Mann in unserem Haus – hin und wieder war es Simon, und ich hätte ihn nie alleingelassen. Aber immer, wenn da nur Kunibert vor mir stand, hätte ich ihn am liebsten angespuckt. Gott sei Dank schaltete sich mein Kopf jedes Mal rechtzeitig wieder ein. Simon erzählte mir von der Musik, die nur er hören konnte, und wir diskutierten darüber, ob *Heino* oder *Savage Garden* schlimmer waren.

Wir einigten uns auf *Heino*. In diesen Momenten sprach Kunibert mit mir, aber in den Gesten erkannte ich ihn, den Mann, den ich noch immer liebte. Ich wäre nie gegangen, weil ich liebte. Ich wäre nie gegangen, weil Simon meine Hilfe brauchte. Ich wäre nicht gegangen, weil ich genau wusste, dass der Teil, der von Simon noch übrig war, mich ebenfalls liebte. Obwohl ich direkt, ohne Umwege und Zwischenstopp geradewegs darauf zusteuerte, war ich noch nicht am Ende meiner Kräfte.

# Kuniberts Kreuzzug

Schon seit einer Weile bekam unser Held größere Mengen an Kortison, das tatsächlich zu wirken schien. Er fühlte sich ein bisschen besser und machte an einem Tag sogar einen kleinen Spaziergang. Als er zurückkam, zückte er seine Bohrmaschine, weil er der Meinung war, dass ein bestimmter Bilderrahmen augenblicklich und zwingend an die Wand musste. Er lächelte, nicht nur irgendwie, er hatte das Fotolächeln im Gesicht. Die Übelkeit wurde weniger, und Simon fühlte sich in Summe einfach fitter. Als ich ihn nach Einkaufswünschen fragte, meinte er: »Fleisch, viel Fleisch. Lass uns doch am Wochenende grillen.« Supergern, das Wetter sollte ja fantastisch werden.

Später entdeckten wir einen neuen Knubbel am Hals. Noch eine weitere Metastase war blöd, aber die Tatsache, dass Simon etwas mobiler geworden war, übertönte diese Tatsache. Immerhin stagnierte der Leichtkettenwert, der aussagte, wie rasch Kunibert wuchs. Nachts brauchte Simon unser Eimersystem nicht mehr, sondern konnte mit meiner Hilfe aufs Klo gehen. Es gab sogar Momente, in denen wir gemeinsam über die Bilder in seinem Kopf lachten. Über meine riesigen Ohrringe zum Beispiel, auf denen in Simons Augen Marienkäfer entlangliefen. Wir schöpften nicht unbedingt neue Hoffnung, aber wir bliesen auch kein Trübsal.

Als Simon seine neuen MRT-Bilder bekam, zeigten sie diverse Areale, in denen es sich Kunibert gemütlich gemacht hatte. Der Heldenkörper war so zerfressen wie nie zuvor.

Angesichts von Simons guter Stimmung nahmen wir das hin, ohne uns groß Gedanken darüber zu machen. Rückblickend hätte uns klarer sein müssen, was bald schon geschehen würde. Vielleicht waren wir inzwischen auch einfach nur zu gut im Verdrängen.

Nach vier recht guten Tagen folgte das Desaster. Unser Held baute von Minute zu Minute mehr ab. Sein Arm wollte nicht mehr auf ihn hören, die Beine waren ungewöhnlich schwer. Er hatte stärkere Ausfallerscheinungen im Gesicht und starke Schmerzen im Rücken. Dazu kamen ein Zustand völliger Abgeschlagenheit und Kreislaufprobleme. Die Nächte waren katastrophal. Nachdem ich nach einer weiteren Eimertour einmal mehr erschöpft auf dem Sofa niedersank, war mir klar, worauf die Situation hinauslaufen würde. Ich wusste es plötzlich, und konnte doch nichts tun.

Am Vormittag des 17. Juni 2018 rief unser Held seine Onkologin an und schilderte ihr die Lage. Sie kontaktierte den Oberarzt in der Klinik. Der war allerdings nicht da. Also rief sie den Oberarzt in jener anderen Klinik der Charité an, in der unser Held die Antikörper erhielt. Der Arzt dort wirkte recht entspannt und bestellte Simon zu einem Gespräch ein. »Dann reden wir über alles. Eine stationäre Aufnahme ist nicht nötig.«

Aha.

Die Klinik liegt am anderen Ende der Stadt, mit dem Auto etwas mehr als eine Stunde, mit den Öffentlichen, die für Simon schon lange nicht mehr infrage kamen, circa neunzig Minuten. Wieder einmal bemühte unser Held ein Taxi. Sein Zustand verschlechterte sich von Minute zu Minute, sodass er kaum noch in der Lage war, in das Auto einzusteigen.

Während wir auf das Taxi warteten, saßen wir auf der Eingangsstufe vor unserem Haus. Simon heulte, ich sowieso. Mein Held sagte, dass er nicht ins Krankenhaus wolle, er wünschte sich, dass er nicht immer wieder dorthin zurück müsse.

»Ich will nicht mehr, ich kann nicht mehr. Das muss doch alles einmal aufhören.« Simon wollte keine Therapie, er wollte keine Schmerzen und Medikamente mehr, die alle nicht halfen. Statt einer Besserung traten nur immer noch mehr Nebenwirkungen zum Vorschein.

Zunächst schwieg ich, weil ich nicht wusste, was ich sagen sollte. Dann aber legte ich meinen Arm um ihn und sagte: »Dann lass es sein. Lass dir die Schmerzen nehmen und gut. Niemand ist dir böse, wenn du Kunibert nicht weiter behandeln lässt. Du hast so lange durchgehalten, du bist immer wieder aufgestanden, du darfst jetzt müde sein, ehrlich. Niemand ist böse. Keiner möchte, dass du leidest.«

Wir lagen uns in den Armen und weinten.

»In zehn Tagen ist unser erster, richtiger Hochzeitstag«, schluchzte Simon. »Und wir werden den feiern, das nimmt uns Kunibert nicht!« Er holte Luft. »Vor diesem Tag und vor deinem Geburtstag tu ich dir das nicht an.«

Das Taxi kam, ich half Simon hinein. Mit dem kleinen Batman blieb ich zu Hause, denn die onkologische Station wollten wir unseren Kindern ersparen.

In der Klinik angekommen, entschied der Arzt mit einem einzigen Blick und ohne ein Wort mit dem Helden zu wechseln, dass eine stationäre Aufnahme zwingend erforderlich sei. Ach was ... Außerdem stellte er die Therapie erneut um. Macht es gut, Antikörper – hallo, erneute

Chemotherapie. Zweimal pro Woche sollte Simon ein Medikament bekommen, das er in den letzten sechs Jahren bereits zweimal erhalten und das beide Male Wirkung gezeigt hatte. Warum das bislang keine Option gewesen war, obwohl ich bei den letzten Terminen mehrfach danach gefragt hatte? Ich konnte nur hoffen, dass es die Ärzte wussten.

Am Samstagvormittag durfte der kleine Heldensohn bei seinem besten Freund spielen, sodass ich zu Simon in die Klinik fahren konnte. Dort fand ich einen Helden vor, der weder laufen noch seinen Arm heben konnte, kaum in der Lage war zu sprechen und alle ein bis drei Minuten wegnickte. Mir war nicht klar, ob das Kunibert geschuldet war oder den Medikamenten, die Simon abends vorher das erste Mal erhalten hatte.

Mehrfach informierte mich der Held darüber, was es zum Mittag gegeben hatte – mehr war thematisch und sprachlich nicht möglich. Das war nicht Simon, der da lag. Und obwohl wir mit dem Rollstuhl einen kurzen Ausflug durch die Klinik unternahmen, wusste ich nicht, ob der Held sich später daran erinnern würde, dass ich da gewesen war. Der Raum war durchdrungen vom Kunibertgestank, und ich musste mich sehr zusammenreißen, nicht laut schreiend davonzurennen. Die meiste Zeit saß ich auf dem Stuhl und sah Simon an. Nach drei Stunden bin ich gegangen. Es ging einfach nicht. Ich konnte es kaum ertragen, meinen Mann so zu sehen.

Auf dem Heimweg lernte ich die neunzig Minuten Fahrzeit zu schätzen. Ich musste mich sammeln und versuchen zu verarbeiten, was ich da gerade gesehen hatte, und betäubte mein Hirn mit lauter Musik aus Kopfhörern. Am Abend machte ich Sport, bestellte Pizza und Eis. Ich verbrachte viel Zeit im Garten, starrte fassungslos in den Himmel und fragte mich, wie das alles sein konnte. Permanent hatte ich Panik, dass mein Handy klingelte und man mir mitteilte, dass ich schnellstmöglich kommen sollte. Während ich duschte, ließ ich die Kabinentür offen stehen und das Telefon nicht aus den Augen.

Am Abend schrieb mir Simon eine Nachricht, die ich nur teilweise entziffern konnte. Nachts, gegen drei, schrieb er erneut. Er klagte über Bauchkrämpfe und Übelkeit – Nebenwirkungen der Chemo. Mal abgesehen von der Tatsache, dass er körperlich litt, war diese Nachricht klar und deutlich zu verstehen und zu lesen. Der Magen mochte grummeln, aber wenigstens der Heldenkopf schien klarer zu sein. Morgens meldete Simon sich ein weiteres Mal und teilte mir mit, dass er seinen Arm heben konnte, seine Beine nicht mehr so stark nachgaben und er sich in Summe besser fühlte. Ein kleiner Grund zur Freude.

Ich sprach mit Leo. Der kleine Batman weinte, jedoch weniger als beim letzten Mal.

»Ostern war Papa ja auch nicht da«, meinte er. »Und als er wieder nach Hause kam, ging es ihm besser.« Er vertraute darauf, dass es dieses Mal genauso sein würde. »Im Krankenhaus können die besser auf Papa aufpassen, dann brauchen wir das nicht zu tun.« Mit seinen fünf Jahren hatte unser Sohn das Gefühl, auf seinen Vater aufpassen zu müssen, da stimmte etwas nicht. Das sollte er nicht denken müssen. Verdammter Kunibert!

Mit gemischten Gefühlen fuhr ich an jenem Sonntag erneut in die Klinik. War Simons Anblick am Vortag noch ein

Bild des Grauens gewesen, ging es ihm nun plötzlich viel besser. Unser Held konnte laufen, gerade stehen und hatte auch keine Probleme, die Gabel beim Essen zum Mund zu führen. Sollte das Chemo-Medikament, das bereits zweimal geholfen hatte, wieder anschlagen? Und dann auch noch so schnell? Vielleicht ist Simon zu unserem Hochzeitstag wieder zu Hause, schoss es mir durch den Kopf. Insgeheim freute ich mich, dass ich ihn noch nicht loslassen musste. Das war egoistisch, ich weiß, doch ich war noch nicht so weit.

An diesem Tag verließ ich das Krankenhaus mit einem recht guten Gefühl. Daran änderte auch die Tatsache nichts, dass die Heldenlunge schrecklich zu rasseln begonnen hatte und Simon ein Medikament inhalieren musste.

Am Montagmorgen schwang meine Stimmung ein weiteres Mal um, ich wurde langsam nervös. Normalerweise gab unser Held bis acht Uhr ein Lebenszeichen von sich, doch ich hatte nichts von ihm gehört – dabei war der Sonntag so gut gelaufen. Gegen neun Uhr rief ich Simon an. Es klingelte länger als gewöhnlich, und als er abnahm, röchelte er ins Telefon: »Ich kriege keine Luft; die versorgen mich gerade. Melde mich.«

Ich wartete bis zehn Uhr, bevor ich versuchte, die Station zu erreichen, was sich als recht schwierig gestaltete. In mir wuchs die Panik. Im Laufe der nächsten Stunden probierte ich es immer wieder abwechselnd auf Simons Handy und dem Telefon der Station. Erfolglos. Seit der Diagnose vor sechs Jahren war dies der schlimmste Tag meines Lebens. Ich hatte keine Ahnung, was los war, ob unser Held beatmet werden musste oder ob ich ihn gestern gar das letzte Mal gesehen hatte.

Irgendwann meldete sich endlich eine Ärztin, das Gespräch war kurz und nur wenig beruhigend. Sie sagte etwas von einer schweren Infektion der Lunge und Atemunterstützung. Sie hatten Simon geröntgt, aktuell werde ein CT gemacht.

»Ich rufe Sie später noch einmal an«, versprach sie.

Am liebsten hätte ich unseren Sohn woanders untergebracht und wäre sofort losgefahren. Allerdings hatte Leo bereits das Wochenende mehr woanders verbracht als zu Hause, sodass ich mich dafür entschied, bei ihm zu bleiben. Der kleine Batman brauchte mich schließlich auch.

Gegen halb acht schrieb mir Simon, dass er auf der Intensivstation liege, vier Beutel Thrombozyten bekomme und auf eine Lungenpunktion warte. Um 21 Uhr rief mich ein Arzt an, der mir erzählte, dass Simon eine schwere Lungenentzündung habe und Sauerstoff benötige. »Ich rufe Sie an, falls sich die Situation verschlimmert.«

Mit einer Kanne Kaffee setzte ich mich aufs Sofa. Ich wollte mich nicht hinlegen, aus Angst einzuschlafen und dann das Telefon nicht zu hören. Um mich abzulenken, schaute ich unzählige Folgen irgendwelcher Serien. Gegen drei Uhr morgens bekam ich die Info, dass ein Kontrollröntgenbild nach der Punktion einen Lufteinschluss in der Brust des Helden ergeben habe, der dazu führen konnte, dass die Lunge »einfiel«. Die Luft werde abgesaugt und ein fast daumendicker Schlauch, eine Drainage, hineingelegt. Gegen fünf Uhr ging ich duschen und füllte die Frühstücksdose für den Heldensohn. Um halb sieben weckte ich ihn, versorgte ihn und brachte ihn in die Kita. Von Simon hatte ich seit drei Uhr nichts mehr gehört.

Bevor ich an diesem Vormittag die Klinik betrat, deckte ich mich am Kiosk mit Kaffee und Schoki ein. In mir herrschte Krieg, weil ich nicht die geringste Ahnung hatte, was mich beim Betreten der Station erwartete.

Dann stand ich da, vor der Intensivstation. Weil man dort nicht einfach hineinspazieren darf, klingelte ich an der Tür. Es dauerte eine gefühlte Ewigkeit, bis sie sich öffnete. An mir rollten drei vollintubierte Patienten in ihren Betten vorbei, die vermutlich zu irgendwelchen Untersuchungen gebracht wurden. Ich atmete tief ein und aus und trat durch die Tür.

Da stand ich, auf der Intensivstation im Warteraum und wartete erneut, bis mich jemand zu Simon brachte. Die wenigen Meter bis zu seinem Zimmer waren die schwierigsten meines Lebens. Bevor ich eintrat, legte ich mir den bekannten Mundschutz um.

Und dann ... dann sah ich unseren Helden. Er lag in seinem Bett, ein dicker Schlauch in der Brust, bedeckt nur von einem OP-Hemdchen. Umzingelt von zig Geräten, Elektroden und diesem Sauerstoffding im Gesicht. Es war »nur« eine Nasenbrille, reden war jedoch nicht bzw. kaum möglich. Er war mehr abwesend als bei Bewusstsein und brauchte Hilfe, wenn er sich anders hinlegen wollte. Aufstehen durfte er sowieso nicht. Immer wenn er einnickte, atmete er so schwer, wie ich es noch nie erlebt hatte. Sein ganzer Körper bebte, und beim Einatmen schien er sich fast zu krümmen. In den ganzen sechs verdammten Kunibert-Jahren hatte ich noch nie so viel Angst gehabt wie in diesem Moment.

Irgendwann kam ein Arzt, untersuchte meinen Helden und beantwortete mir alle Fragen. Es sei unklar, ob Simon die

Lungeninfektion bewältigen werde; ihm fehle das Immunsystem, 0,5 Leukozyten – das sei gar nichts. Der Heldenkörper habe keine Reserven und könne dem Infekt nichts entgegensetzen. Die Chemotherapie werde bis auf Weiteres abgebrochen, da sie in der aktuellen Situation zu gefährlich sei.

Ich setzte mich, versuchte, die Fassung zu wahren und dem Helden ein Mut machendes Lächeln zuzuwerfen. Ich hatte ihm gesagt, dass er kämpfen sollte, wenn er konnte. »Aber wenn du zu müde bist, dann lass los.« Ich erinnerte mich an meine Worte an ihn. Und ich empfand wieder so. Und trotzdem ... so kurz vor unserem Hochzeitstag, das konnte nicht richtig sein. Wir waren doch noch nicht fertig!

Ich behielt diese Gedanken für mich. Stattdessen fragte ich unseren Helden in einer wachen Minute, ob er glaube, das schaffen zu können. Er nickte und erwiderte leise: »Den Infekt kriege ich hin.«

Danach erzählte er noch etwas von einer Vollmacht. Zunächst verstand ich den Zusammenhang nicht, bis ich sie in einer Akte entdeckte, die auf einem Tischchen in Simons Zimmer lag. Es war ein Papier, das es mir erlaubte, sämtliche medizinische Entscheidungen zu treffen, Akten einzusehen und Ähnliches, falls Simon durch Kuniberts Einfluss nicht mehr selbst dazu in der Lage war. Ein Papier, das mir Einsicht gewährte und Handlungsspielraum gab – gleichzeitig jedoch auch Verantwortung abverlangte. In diesem Moment war ich sauer. Auf Simon. Hätte er irgendwann die verfluchte Patientenverfügung ausgefüllt, müsste ich nicht schon bald Dinge entscheiden, die ich nicht entscheiden wollte.

Mit einem sehr ungunten Gefühl fuhr ich zwei Stunden später nach Hause. Bevor ich das Krankenhaus verließ, besuchte ich die Klinikkapelle, zündete eine Kerze an und saß bestimmt dreißig Minuten dort.

Den Nachmittag verbrachten der kleine Batman und ich bei einer Nachbarin, er spielte Fußball und ich versuchte nicht durchzudrehen. Unser Held meldete sich immer mal wieder durch ein kleines Zeichen auf meinem Telefon. Die Nacht verging wie die letzte – ich verbrachte die Stunden auf dem Sofa neben dem Handy und kämpfte mit Serien-Gucken gegen das Einschlafen. Um halb sieben weckte ich den Heldensohn und versuchte, seine Morgenmuffeligkeit mit Pfannkuchen und Lieblingsmusik zu vertreiben. Auf dem Weg zur Kita sangen wir lauthals selbst und nahmen uns vor, am Wochenende eine Runde mit der S-Bahn einmal im Ring um das Zentrum von Berlin zu fahren. Einfach nur so, weil er es gern hatte.

Irgendwann stand ich wieder vor der Klinik und konnte mich nicht dazu überwinden hineinzugehen. Bestimmt zehn Minuten verharrte ich vor dieser dicken, alten Glastür, als ich plötzlich angesprochen wurde. »Bist du Ines?«

Ich zuckte zusammen und drehte mich um. Hinter mir stand eine liebe Bekannte, die ich durch eine andere DKMS-Aktion kennengelernt hatte. Auch sie kämpfte um jemanden und wusste ganz genau, warum ich da so seltsam herumstand. Wir wechselten ein paar Worte, und ohne dass wir konkret darüber sprachen, gab sie mir den letzten Schubs, der mir fehlte, um die Intensivstation zu betreten. Ich weiß nicht, ob ich den Mut ohne sie an diesem Morgen aufgebracht hätte.

Als ich kurz darauf am Bett des Helden stand, fiel mir der erste Stein vom Herzen – er hatte etwas mehr Farbe im

Gesicht und der Monitor über ihm zeigte bessere Sauerstoffwerte als am Tag zuvor. Der Arzt, der ihn gerade erst untersucht hatte, nahm sich viel Zeit und redete sehr ruhig und mitfühlend mit mir. Die Sauerstoffwerte waren stabil, alle anderen Organwerte in Ordnung und unser Held konnte sich allein aufsetzen. Das waren Dinge, die dafür sprachen, dass Simon die Infektion tatsächlich »hinkriegte«, auch wenn der Arzt darüber keine Prognose anstellen wollte. Im Moment bestand jedenfalls keine akute Lebensgefahr mehr – und das war alles, was zählte.

Am nächsten Tag durfte Simon auf die onkologische Station zurückkehren, und sein Leuko-Wert lag bei 2.500! Obwohl der Held noch sehr müde war, weiter abgenommen hatte und nicht recht stehen konnte, rockte er das Ding.

Die letzten Tage hatte ich so viel Panik wie noch nie zuvor, und auf einmal war mir ganz deutlich bewusst, in welche Richtung wir gingen. Dennoch hoffte ich, dass es unserem Helden noch einmal gelingen würde, sich zu erholen und die Infektion komplett zu besiegen, denn wir waren doch noch nicht fertig. Wir wussten nun mehr als zuvor, wie schnell das alles gehen konnte, und wir wussten, dass wir uns irgendwann verabschieden mussten. Aber noch waren wir nicht bereit – falls man für so etwas überhaupt bereit sein kann. Wir hofften auf eine wenigstens kurze Zeit zusammen, einigermaßen fit. Wir hofften auf gemeinsame Eisess-Ausflüge und auf andere Dinge, die uns kurz den Rest vergessen ließen. Die vergangenen Monate waren schwer gewesen, hatten an uns allen gezerrt. Wir wollten anders aufhören. Ich spürte deutlich, dass Simon noch einmal kämpfen wollte, leben wollte, um unseren ersten Hochzeitstag zu feiern.

# Der erste große Hochzeitstag

Die nächsten Tage und alles, was danach noch kommen sollte, werde ich nie vergessen. Unser Hochzeitstag stand kurz bevor. Simon passte sein Ehering nicht mehr, seine Finger waren zu dünn geworden. Ich besorgte eine Kette, an die ich den Ring hängen konnte. Dazu schrieb ich ihm eine Art Buch mit vielen Fotos, gemalten Bildern von den Kindern und einigen Anekdoten unserer Beziehung.

Den Traum, unser Jubiläum mit Pizza zu Hause zu feiern, hatten wir endgültig verworfen. Etwas frustrierend war das schon – unser erster richtiger Hochzeitstag und wir konnten ihn nicht gänzlich zusammen verbringen. Der Gedanke, dass es womöglich keinen zweiten geben würde, machte es nicht besser.

Ich freute mich auf diesen Tag, sehr sogar. Auf der anderen Seite fürchtete ich mich und hätte ihn am liebsten ausfallen lassen. Aber ich schrieb dieses Buch, kümmerte mich um den Ring an der Kette und um ein T-Shirt, das ich noch schnell genäht hatte. Nachts konnte ich nicht schlafen, aus Angst, einen Anruf aus der Klinik zu verpassen. Tagsüber pendelte ich zwischen dem kleinen Batman (Emma war noch immer auf Klassenfahrt, und ich war so dankbar, dass sie eine gute Zeit verleben durfte), Simon und zu Hause hin und her. Hin und wieder versuchte ich, das Haus vor dem Einstürzen zu bewahren und putzte. Das Schlafzimmer mied ich. Simons Decke lag noch genauso da wie an dem Freitagmorgen, an dem er das allerletzte Mal dort aufgestanden war. Er hatte eine ganz eigene Art, die Decke zurückzuschlagen. Neben dem Bett stand noch der Eimer für nächtliche Notfälle. Auf der anderen Seite lagen drei Decken, für jedes körperliche Empfinden die richtige. Es war alles so, als würde Simon jeden Moment wiederkommen. Was er nicht tat. Stattdessen machte ich mich an unserem Hochzeitstag auf den Weg in die Klinik. Das fertige Buch unterm Arm, gerade eben noch hübsch eingepackt. Alles schien vorbereitet. Nur ich war es wie immer nicht.

Bereits am Vortag hatte ich ein komisches Gefühl im Bauch gehabt, das ich nicht beschreiben konnte. Seit letztem Mittag hatte ich nichts mehr von Simon gehört. Als ich in der Klinik anrief und nachfragte, versicherten mir die Schwestern, dass der Held weiterhin stabil sei und viel schlafe, da er sich ein starkes Beruhigungsmittel habe geben lassen.

Als ich jetzt das Heldenzimmer betrat, atmete ich erleichtert auf: Simon saß im Schneidersitz und offensichtlich ohne Schmerzen auf seinem Bett. Ich freute mich, auch wenn sein Gesicht und besonders die Augen anders aussahen als sonst. Ich stellte meinen Rucksack mit den Geschenken ab und wollte ihn begrüßen, als er plötzlich sehr, sehr seltsame Dinge sagte, die ich nicht einordnen konnte. Ständig suchte er irgendwas, obwohl er es in der Hand hielt. Als es Mittagessen gab, konnte er die Gabel nicht zum Mund führen, sodass ich ihm helfen musste. Auch schien er nicht zu wissen, wer ich war.

»Ich wollte gerade meine Frau anrufen«, meinte er. »Und jetzt geht das Telefon nicht mehr aus.«

Irgendwann fiel mein Blick auf das Pillendöschen, in dessen Fächer die Schwestern jeden Tag die Tagesration an

Medikamenten einsortierten, die Simon einnehmen musste. Es war komplett leer. Offensichtlich hatte Simon unter dem Einfluss des Beruhigungsmittels sämtliche Tabletten des Tages auf einen Schlag genommen. Das war zwar nicht lebensgefährlich, sorgte jedoch dafür, dass unser Held komplett ausgeschaltet war. Zumindest sein Kopf.

Er fragte mich nach Fußballspielen, die längst vorbei waren, und ich musste mehrfach das Zimmer verlassen, um einmal tief durchzuatmen. Irgendwann wollte er etwas aufschreiben, kriegte außer ein paar Strichelchen aber nicht viel zustande. Am schlimmsten waren die Momente, in denen er kurz etwas klarer war und selbst bemerkte, dass etwas nicht stimmte. Diese Angst und Verzweiflung will man in niemandes Gesicht sehen, und schon gar nicht in dem seines Ehemannes.

Nach zwei Stunden verließ ich die Klinik, im Rucksack die unausgepackten Geschenke. Das besondere Datum des Tages hatte ich Simon verschwiegen. Was hätte es gebracht, ihn an unseren Hochzeitstag zu erinnern, wenn er nicht einmal wusste, wer ich war? Ich fuhr nach Hause in der Hoffnung, dass die Verwirrung des Helden nur auf die Überdosis an Medikamenten zurückging und sich schnell wieder legte. Wer weiß – vielleicht konnten wir diesen Tag irgendwann zu Hause nachholen, mit bestellter Pizza, Karamelleis und anderen ungesunden Dingen.

In den nächsten Tagen rief ich jeden Morgen gegen sechs Uhr in der Klinik an, um die Schwestern daran zu erinnern, dass sie meinem Helden seine Medikamente bitte zuteilten und nicht einfach hinstellten, da er allein damit überfordert war.

Als ich Simon das nächste Mal besuchte, erkannte er mich und wusste, dass wir zwei Kinder hatten. Sehr viel mehr machte sein Kopf jedoch noch nicht wieder mit. Ich hatte die Hoffnung, dass er immer noch mit den Nachwirkungen der Medikamentenüberdosierung kämpfte und sein Zustand sich bessern würde.

Es wurde nicht besser. Im Gegenteil. Immerhin schien sich die Lunge zu erholen, die Entzündungswerte fielen. Gleichzeitig schwand die körperliche Kraft des Helden stetig weiter. Um dem Muskelabbau entgegenzuwirken, kam einmal am Tag ein Physiotherapeut, mit dessen Hilfe sich unser Held neben sein Bett stellte und ein paar Schritte auf der Stelle ging. Danach fühlte er sich oft wie nach einem Marathon und der Sauerstoffgehalt seiner Nasenbrillen-Atemunterstützung musste kurzfristig höher gedreht werden. Simon wollte es trotzdem. Er meinte zu mir, dass es ihm Spaß mache.

Ich fragte ihn häufig, ob er außer mir noch anderen Besuch wünschte, was er jedes Mal verneinte. »Zu Hause wollte mich auch keiner sehen, dann muss das jetzt erst recht nicht sein.« Nicht einmal seinen Eltern gestattete er einen Besuch. Auch wenn Simon ein gutes Verhältnis zu seinen Eltern hatte, er wollte so nicht von Ihnen gesehen werden. Vielleicht ist es wirklich auch zu viel, dem Verfall des eigenen Sohnes zuzusehen. »Ich möchte nicht, dass sie kommen«, murrte unser Held. »Die dürfen erst wieder zu mir, wenn es mir besser geht.«

In der folgenden Nacht wurde mehr als deutlich, dass es mit dem »Besser-Gehen« noch dauern würde.

Um 2.30 Uhr rief Simon mich an und sagte: »Ich bin jetzt fertig, wir können los.«

»Was? Wieso?« Ich brauchte einige Momente, um meine Schläfrigkeit abzuschütteln. »Wo wollen wir denn hin?«

»Na, wir haben uns doch zum Essenverteilen verabredet. Ich hab mich schon angezogen und steh vor der Tür.«

Okay, jetzt war ich wach und höchst panisch. »Aber du bist doch in der Klinik und hast einen dicken Schlauch in der Brust.«

»Ich bin nicht im Krankenhaus«, erwiderte Simon. »Und den Schlauch habe ich mir eben rausgezogen.«

Ich wurde panischer, in meinem Kopf lief ein Film ab, den ich nicht näher beschreiben möchte. Es war ein blutiger Film. Ein Horrorfilm. Ich wollte nicht auflegen, um die Station anrufen zu können, schaffte es jedoch auch nicht selbst, Simon aus seinem Kopfkino zu holen. Ich dachte einen Moment lang nach. Er konnte nicht selbstständig stehen, also musste er noch in seinem Bett liegen. Was war allerdings mit der Drainage?

»Äh, also, hör zu, ich habe mich verspätet. Wie wäre es, wenn du ein bisschen fernsiehst, bis ich da bin, um dich zum Essenverteilen abzuholen?«

»Gute Idee, aber der Fernseher ist kaputt«, meinte unser Held.

»Sieh dich mal um – über dir müsste so ein roter Knopf sein.«

»Ja, ich sehe ihn. Und?«

»Drück da drauf, dann kommt jemand, der den Fernseher repariert. Und wenn diese Person da ist, dann gib sie mir bitte mal.«

Simon drückte den Knopf, die Schwester kam und er sagte ihr, dass der Fernseher kaputt sei und seine Frau mit

ihr sprechen wolle. Ich bekam eine leicht irritierte Krankenschwester ans Telefon und erzählte ihr, worum es ging. Zuerst einmal beruhigte sie mich: Simon lag im Bett, in sein
OP-Hemdchen gekleidet, und die Drainage befand sich auch
noch dort, wo sie hingehörte. Ich atmete auf. Die Krankenschwester bestätigte Simon, dass er im Krankenhaus liege
und sich etwas ausruhen solle.

In diesem Moment kam Simon zu sich, merkte, dass
etwas nicht stimmte, und brüllte die Krankenschwester an.
Mehrfach fielen die Wörter »Irrenhaus« und »Freakshow«,
gepaart mit verbalen Attacken. Hätte Simon aufstehen können, hätte ich erstmalig Angst gehabt, dass Kunibert hand-
greiflich werden könnte. Ich bat die Krankenschwester,
Simon das Telefon zurückzugeben, und zu mir meinte er
dann, dass er das Handy nach der Schwester werfen würde.

»Mach das nicht, alles wird gut«, sagte ich besänftigend.
»Wenn du jetzt mit deinem Telefon wirfst, können wir nicht
mehr telefonieren, das wäre doch schade. Versuch dich zu
beruhigen. Morgen wird es besser sein. Ich komme dich morgen besuchen. Du kannst mich immer anrufen, wenn etwas
eigenartig ist oder dir seltsam vorkommt, auch nachts. Aber
dafür brauchst du dein Telefon, mein Schatz. Wirf es nicht.«

Simon beruhigte sich. In dieser Nacht rief er mich drei
weitere Male an. Zusätzlich verabredeten wir feste Telefon-
zeiten: gegen sechs Uhr morgens, wenn ich aufstand, um
acht Uhr, wenn ich Leo in der Kita abgegeben hatte und mich
auf den Weg in die Klinik machte. Um 16 Uhr telefonierten
noch mal, um 20 Uhr und um 22 Uhr. Diese zeitliche Orien-
tierung half Simon, durch den Tag zu kommen. Nachts stand
ich in Bereitschaft, und immer häufiger rief er mich an.

In diesen Tagen überschwemmten mich Gefühle, die ich nicht beschreiben konnte. Manchmal kam ich mir vor wie eine gespaltene Persönlichkeit, die drei Personen in sich vereinte. Auf der einen Seite war ich Angehörige eines schwerkranken Mannes. Ich war die, die mit den Ärzten verhandelte und auf Dingen bestand. Ich war die, die versuchte, unserem Helden Mut zuzusprechen, die ihm versprach, an seiner Seite zu bleiben, die nachts mit ihm telefonierte, weil er desorientiert war. Daneben war ich Mama, die ihren Kindern frisches Brot backte und die Frühstücksbüchsen so zu füllen versuchte, dass der Inhalt auch gegessen wurde. Die manchmal total »peinlich« oder »uncool« war. Ich war die, die Klamotten wusch und morgens früher losging, damit dem kleinen Batman genügend Zeit blieb, um Schnecken zu sammeln. Ich versteckte Schatztruhen, damit es den Heldenkindern während ihrer Ferien nicht zu langweilig wurde. Und manchmal wunderte ich mich, wie ich es mit meinem doch sehr chaotischen Charakter schaffte, logistisch alles unterzubringen.

Das waren die zwei Persönlichkeiten, die jeder sehen konnte. Dahinter gab es noch eine andere. Die, die morgens funktionierte und abends in ein Loch einbrach. Ich fürchtete mich. Ich fürchtete mich, wenn ich in den Garten sah und auf die Schaukelstühle blickte. Ich fürchtete mich davor, dass der Platz neben mir frei bleiben würde. Nachts schlief ich mit dem Schal unseres Helden um den Hals, weil er noch nach Simon roch. Ich lag auf dem Sofa vor dem laufenden Fernseher, weil ich die Stille und Leere im Schlafzimmer nicht ertrug. Abends, wenn die Kinder schliefen, war es am schlimmsten. Ich fühlte mich einsam, funktionierte nicht mehr und heulte. Ich trug Klamotten, von denen ich wusste, dass Simon sie mochte, obwohl es Tage gab, an denen wir uns nicht sahen. Ich kochte manchmal Dinge, die unser Held gerne aß, obwohl er nicht hier war. Ich legte den Kindern Klamotten raus, die wir zusammen ausgesucht hatten, weil ich hoffte, dass es Glück brachte. Abends küsste ich sein Foto. Und manchmal saß ich einfach nur da, starrte in den Himmel und sagte ihm, dass er Simon noch nicht reinlassen sollte. Am nächsten Morgen legte sich ein Schalter um, ich lachte und machte Witze. Auf dem Weg zur Klinik hielt ich durch, bei Simon ebenfalls. Auf dem Weg zurück zur Kita, um den Heldensohn abzuholen, musste ich mich oft sammeln, aber dann ging es wieder.

Simon fragte inzwischen alles bei mir ab. Morgens wartete er mit der Einnahme seiner Tabletten, bis ich bei ihm gewesen war. Seit der Geschichte mit der Überdosierung vertraute er dem Personal der Klinik nicht mehr. Er war verunsichert und suchte bei mir eine Sicherheit, die ich ihm teilweise gar nicht geben konnte. Der Heldenkopf stabilisierte sich nicht. An manchen Tagen war er so weit weg, dass ich nur noch Kunibert vor mir hatte. An anderen Tagen konnte ich ihn aus seinen Wahnvorstellungen zurückholen. Er ließ sich nur noch ungern von den Schwestern waschen, das sollte ich übernehmen, wenn ich bei ihm war. Zähneputzen hielten die Schwestern offensichtlich für komplett überflüssig.

Als wir eines Tages nach einem Rollstuhlausflug in sein Zimmer zurückkehrten, half ich Simon ins Bett zurück, wobei seine Hose ein Stück verrutschte und ich sah, was ich eigentlich nicht sehen wollte. Mein Held schien es nicht immer rechtzeitig auf den Klostuhl geschafft zu haben, er trug eine Windel. Ich atmete ein. Ich atmete aus und sprach ihn nicht darauf an.

Als er in seinen Kissen lag, lächelte er mich mit einem Mal ganz komisch an.

»Was ist los?«, fragte ich.

»Mein Kopf spinnt gerade, glaub ich«, erwiderte er grinsend. »Ich sehe einen Affen auf deiner Brille tanzen. Aber du trägst doch gar keine Brille.«

»Stimmt, eine Brille habe ich nicht. Aber den Affen würde ich gern sehen.«

Wir lachten beide. Das waren mentale Durchhänger, die, statt Angst zu machen, eher witzig waren. In den letzten Tagen hatte ich gelernt, sehr schnell auf Simons Halluzinationen, auf den Kunibert im Kopf zu reagieren. Manchmal holte ich unseren Helden in die Realität zurück, in anderen Momenten stieg ich mit ein. Mitunter war es lustig, als würden wir uns Märchen erzählen, die Kunibert etwas weniger gruselig machten. In anderen Momenten spürte ich eine Enge in meiner Brust, die mich fast erdrückte. Als Simon nicht wusste, wer unsere Kinder waren zum Beispiel.

Anfang Juli schob ich Simon einmal mehr mit dem Rollstuhl übers Klinikgelände. Er war sehr klar an diesem Tag, und nachdem wir eine Weile spazieren gefahren waren, machten wir eine Pause auf einer Bank. Unser Held erzählte viel von zu Hause, dann stockte er plötzlich und sah mich an.

»Wenn der Arzt sagt, dass ich raus darf, nimmst du mich dann mit?«, fragte er. »Unser Haus ist ja nicht wirklich behindertengerecht, und ich weiß nicht, ob das mit dem

Laufen noch mal klappt. Außerdem brauche ich im Moment selbst bei den alltäglichsten Dingen Hilfe.« Er zögerte einen Moment. »Na ja, und mein Kopf ist manchmal so komisch. Du müsstest mir bei allem Papierkram helfen. Und das alles wäre ganz schön viel Arbeit für dich.«

Während er sprach, schnürte mir Angst den Hals zu; mir war gar nicht bewusst gewesen, welche Ängste Simon diesbezüglich plagten. Ich nahm seine Hand und versicherte ihm: »Du musst dich nicht fürchten. Sämtliche Behandlungen sind zu Hause machbar, auch die parentale Ernährung.« Simon bekam spezielle Infusionen, die seinem enormen Gewichtsverlust und der Übelkeit entgegenwirken sollten. Ich hatte inzwischen so viel pflegerische Hilfe geleistet, dass das Anbringen der Infusionsbeutel die kleinste Herausforderung war.

»Meine einzigen Bedingungen sind einigermaßen stabile Leukozyten und dass es deiner Lunge besser geht. Der Rest ist erst mal zweitrangig.« Ich stand im engen Kontakt mit dem Sozialdienst, um weitere Hilfsmittel zu bekommen. Außerdem würde ich mich um Physio- und Ergotherapie kümmern. Eventuell lehnte ich mich gerade sehr weit aus dem Fenster, für mich stand jedoch fest, dass unser Held nach Hause käme, sobald es möglich war.

# Simons Sieg über Kunibert

Ich sprach mit den Kindern und erklärte ihnen, dass ihr Papa im Rollstuhl nach Hause käme, falls es ihm bald besser ginge. Sie nahmen es hin, wie sie bisher alles ertragen hatten, das mit Kunibert zusammenhing. Außerdem kümmerte ich mich um eine Trauerbegleitung für sie. Einmal pro Woche sollte jemand zu ihnen kommen, der mit ihnen spielte oder Ausflüge unternahm. Und wenn die Kids es wollten, könnten sie reden, wenn nicht, dann nicht. So eine Begleitung setzt im Optimalfall ein, lange bevor es überhaupt zum Worst Case kommt. Es bedeutete also nicht, dass Simon bald nicht mehr da war. Ich glaubte jedoch, dass es den Kindern gut tun werde, mit jemanden von außen zu reden, denn die Veränderungen am Helden spürten und sahen die Kinder selbstverständlich auch, und damit mussten sie erst mal klarkommen.

Die Tage verliefen weiterhin so, dass Simon und ich zu festen Zeiten telefonierten. Er fühlte sich sicherer und es half ihm, den Tag zu strukturieren. Nachts rief er mich inzwischen im Dreißig-Minuten-Takt an. Eines Abends fragte er mich, ob es stimme, dass in seiner parentalen Ernährung Botenstoffe enthalten seien, die ihn vergifteten.

»Nein, bestimmt nicht«, versprach ich ihm. »Diese Nahrung soll dir helfen, bei Kräften zu bleiben und nicht weiter abzunehmen.«

»Ah, okay. Gut.«

Eine halbe Stunde später rief mich mein Held erneut an, um mir zu sagen, dass gerade Hexen um sein Bett tanzten, die ihm sagten, dass es morgen Mäuseschwänze und Blut zu essen gebe. Auch das entkräftete ich.

»Ich glaube, dein Kopf spielt dir gerade einen Streich und belügt dich«, sagte ich. »Es wird keine Mäuseschwänze zu essen geben, mein Held. Vermutlich bekommst du Toastbrot mit Erdbeermarmelade zum Frühstück. Und was die Hexen betrifft – ich bezweifle, dass die um dein Bett tanzen. Und falls doch, sind es nette Hexen. Grüß sie von mir.«

Simon beruhigte sich.

Am Montag, den 2. Juli, besuchte ich meinen Mann wie jeden Tag. Morgens hatten wir bereits zweimal telefoniert und beide Male hatte er sich recht gut angehört, konnte nahezu flüssig reden und war relativ gut orientiert. Als ich jedoch bei ihm ankam, erwartete mich ein Anblick, mit dem ich nicht gerechnet hatte. Simon trug keine Nasenbrille als Atemunterstützung mehr, sondern eine Maske, die über das gesamte Gesicht reichte. Zusätzlich lag daneben ein Blasenkatheter. Eine Schwester erklärte mir, dass diese Maßnahmen nötig geworden seien, nachdem Simon kurz vor meinem Eintreffen eine massive Luftnotattacke erlitten hatte.

Er schlief viel an diesem Tag, ich hielt seine Hand und versuchte, lichte Momente zu nutzen, um ihn noch einmal zu fragen, ob es nicht doch vielleicht schön wäre, außer mir auch anderen Besuch zu sehen. Statt mir zu antworten, fragte mich mein Held lieber nach meinem Ferrari, der doch gestohlen worden sei.

»Der rote, mit den beigefarbenen Kunstledersitzen.«

Hey, die Fantasie meines Mannes wusste, was mir gefiel! Beigefarbenes Kunstleder! Ein Traum, nur leider habe ich bis heute keinen Führerschein, geschweige denn ein Auto. Ich sagte: »Kein Ahnung, wo der abgeblieben ist. Vielleicht habe ich ihn irgendwo geparkt und finde ihn nicht mehr. Du kennst mich doch.«

Simon lächelte gequält, so wie er es immer tat, wenn ich etwas suchen musste. Im Normalfall bezog sich das zwar auf meinen Schlüssel oder mein Handy, aber sollte ich jemals ein Auto besitzen, so vergesse ich mit Sicherheit, wo ich es abstelle.

Simon fuhr fort: »Ich hab sowieso nie verstanden, warum du in die Karre einen Wackeldackel stellen musstest.«

Obwohl ich wusste, dass ich nicht mit Simon redete, sondern mit Kunibert, genoss ich dieses Gespräch sehr. Zwischen all den Skurrilitäten blitzte immer wieder Simon hervor, sodass ich wusste, dass er immer noch da war, mein Held. Ich wollte ihn nicht aus diesem Traum holen, denn er war nicht panisch, nicht ängstlich. Immer wieder beteuerte er, dass er sich freue, dass ich da sei.

»Und wenn ich bald wieder zu Hause bin, dann gründen wir eine Familie.«

Ich schluckte und konnte nicht reagieren. Ich ignorierte den Satz und kehrte lieber zurück zum Wackeldackel. »Weißt du, ich habe den Wackeldackel im Auto, weil er so gut zu den beigefarbenen Kunstledersitzen passt – der ist doch braun. Außerdem gibt es keine Wackelbulldogge, die wäre natürlich noch besser gewesen«, sagte ich in Anlehnung an einen unserer Haushunde.

Simons Antwort war herrlich simonlike: »Stimmt, das macht Sinn.«

Er schlief wieder ein, und ich versuchte, mir jede Falte seines Gesichtes einzuprägen. Irgendwann kam ein Arzt und sagte, dass er gern draußen mit mir sprechen wolle. Das war nicht gut. Der Mann schloss die Tür hinter uns und blickte mich ernst an. »Die aktuelle Therapie wirkt leider nicht«, meinte er. »Der Lambdawert liegt bei über 4.000.«

Alle anderen Werte waren ebenfalls ein Desaster. Simon brauchte inzwischen täglich Blutvollkonserven plus extra Thrombozyten. »Wir können einen anderen Versuch starten, mit einem ganz neuen Medikament – Ihr Mann hat bereits zugestimmt. Da Sie allerdings die Gesundheitsfürsorge innehaben, müssen Sie entscheiden.«

Glückwunsch. Den wievielten Therapieversuch schlug der Mann mir gerade vor? Ich wünschte, ich hätte mit Simon darüber reden können, doch wie sollte ich jemanden befragen, mit dem ich gerade noch über Familienplanung und meinen Ferrari mit den beigefarbenen Sportsitzen geredet hatte? Ich fühlte mich hilflos und allein, und schließlich nickte ich den neuen Therapieversuch ab, weil ich an diesem Tag noch nicht wahrhaben wollte, in welcher Situation wir uns befanden.

»Dann ist da noch etwas, Frau Gillmeister«, sagte der Arzt und seufzte. »Es kann sein, dass es nötig wird, Ihren Mann in den nächsten Stunden zu intubieren, also komplett auf künstliche Beatmung umzustellen.«

Was? Ich musste mich zwingen, dem Mann weiter zuzuhören und nicht in Gedanken zu dem Wackeldackel zu flüchten. Der Doktor erklärte mir, dass eine Intubation gleichbedeutend damit sei, unseren Helden in ein künstliches Koma zu versetzen. Ein Schritt, den das Ärzteteam solange es ging verhindern wollte, da die Heldenlunge nach einer künstlichen Beatmung vermutlich nicht mehr in der Lage sein würde, ohne die Maschine auszukommen.

»Ihr Mann würde aus diesem Koma nicht mehr aufwachen.«

Zehn Minuten später saß ich im Arztzimmer neben einer Psychoonkologin und heulte. Ich heulte anderthalb Stunden lang, während die nette Frau neben mir meine Schulter klopfte. Sie klopfte und schwieg. Was hätte sie auch sagen sollen?

Als ich später noch einmal zu Simon ins Zimmer ging, nutzte ich jeden wachen und mental fitten Moment, um unseren Helden davon zu überzeugen, dass es endlich an der Zeit sei, andere Menschen zu ihm zu lassen, wenigstens seine Familie – wie üblich lehnte er ab.

Am Abend telefonierten wir, und Simon fragte mich, ob es mein Ernst sei, dass ich einen dritten Hund bestellt hatte. »Ich habe eine E-Mail bekommen, und in der steht, dass der Hund bald geliefert wird«, meinte er.

Mich brachte inzwischen nichts mehr aus der Fassung, ich war Meisterin in spontanem Geschichtenerzählen geworden. »Mach dir keine Sorgen, mein Schatz«, erwiderte ich. »Wenn es eine französische Bulldogge ist, dann ist die für unsere Nachbarin gegenüber. Du weißt doch – sie war immer so neidisch auf unsere. Mir reichen zwei Hunde, keine Panik.«

Simon war erleichtert und erwiderte: »Dann ist ja gut, wir sehen uns morgen zum Essenverteilen.«

Oh, das wäre so wundervoll, mein Schatz, alles würde ich mit dir verteilen, wenn du nur noch einmal aufstehen könntest!

Am Dienstag war unser Held erneut schwächer. Während ich an seinem Bett saß, war er kaum wach und wenn, dann schlug sein Kopf neue Kapriolen. Simon erzählte von Dingen, bei denen es mir manchmal schwer fiel zu folgen, aber wieder spielte ich mit, so gut ich konnte.

Ab und zu kehrte der Kopf zurück, und dann versuchte ich jedes Mal, meinen Mann von den Vorzügen eines Besuchs seiner Eltern und seines Bruders zu überzeugen. Endlich willigte er ein, sodass seine Eltern am Mittwoch in die Klinik kamen, erleichtert, dass sie Simon endlich besuchen durften. Ich betete dafür, dass sie einen Zeitraum erwischten, an dem unser Held klar im Kopf war. Es klappte, und ich war dankbar, dass Simon noch einmal ganz normal mit ihnen sprechen konnte. Auch mit seinem Bruder wechselte er einige klare Worte.

An diesem Tag blieb ich länger bei Simon als sonst. Es herrschte ein seltsames Klima in seinem Zimmer, ohne dass ich den Unterschied hätte benennen können. Als ich mich am späten Nachmittag verabschiedete, meinte unser Held: »Morgen sehen wir uns, und dann planen wir deinen Geburtstag.«

»Okay, das machen wir.«

»Hat die Polizei inzwischen eigentlich deinen Ferrari gefunden?«

»Nein, aber das macht nichts. Der taucht schon wieder auf.«

Als ich das Krankenhaus an diesem Tag verließ, war mir sehr, sehr mulmig zumute. Am Abend, gegen zwanzig Uhr, rief mich die Klinik an und bat mich um Hilfe. Simon sollte eine spezielle Maske zur Beatmung auf die Nase bekommen und wusste nicht so recht, was mit ihm geschah. Er war sehr verwirrt und beschimpfte die Ärzte und Schwestern, und ich versuchte, ihn zu beruhigen.

»Es ist alles okay, Simon, die Ärzte helfen dir und passen gut auf dich auf. In Ordnung?«

Schließlich lenkte mein geliebter Held ein und kooperierte mit den Klinikmenschen.

Um 22.56 Uhr klingelte mein Handy erneut. Es war ein Arzt dran, der mir mitteilte, dass er im Namen meines Mannes anrief. »Die Atmung Ihres Mannes verschlechtert sich stetig, Frau Gillmeister«, sagte er. »Und er wird immer schwächer. Wir müssen intubieren und ihn ins künstliche Koma versetzen. Dazu benötigen wir jedoch Ihr Einverständnis.«

Gerade als ich den Arzt fragen wollte, ob dieser Schritt wirklich zwingend nötig sei, hörte ich meinen Helden im Hintergrund röcheln und beantwortete mir die Frage selbst.

»Ist ihm bewusst, was ihm bevorsteht?«

»Nein, Frau Gillmeister. Ihr Mann ist nicht in der Lage, die Situation abzuschätzen.«

Ich stimmte der Intubation zu, damit auch dem Koma und damit der Tatsache, dass unser Held nicht mehr daraus erwachen würde. Mit kalten Händen umklammerte ich das Telefon.

Trotz seiner Verwirrung bemerkte Simon, dass etwas mit ihm geschehen sollte, und er bestand darauf, von mir hören, dass das, was die Ärzte planten, in Ordnung war.

»Bitte sagen Sie ihm nicht die Wahrheit«, bat ich den Arzt. Und während der wirklich, wirklich nette Mediziner Simon das Telefon ans Ohr hielt, hörte ich im Hintergrund viele Menschen, die auf ihren Einsatz warteten.

Ich versuchte mich zu sammeln, meine Stimme ruhig zu halten und sagte:»Hallo, mein Schatz, es ist so schön dich zu hören.«

Simon erzählte mir, dass er verstanden habe, dass er gleich einen weiteren Zugang im Hals bekommen solle, um darüber ein Medikament zu erhalten, das ihm einen ruhigen Schlaf für diese Nacht bringen solle. Morgen werde er wieder aufwachen. Die letzten zwei Wochen hatte er nachts kaum geschlafen, ständig litt er unter Panikattacken oder irgendwelchen Wahnvorstellungen. Wir telefonierten dann immer miteinander, das half meistens. An diesem Abend wollte ich ihm ein letztes Mal seine Angst nehmen.

»Ja, du bekommst jetzt ein Medikament zum Schlafen und kannst dich endlich ausruhen. Und morgen wird alles besser sein, die Schmerzen werden weniger und das Atmen wird leichter.« Ich wünschte ihm die besten Träume, die er jemals gehabt habe, und versicherte ihm, dass er keine Angst haben müsse.»Morgen komme ich wieder zu dir, halte deine Hand und freue mich mit dir, dass endlich alles besser wird, ja?«

Ich atmete tief ein.

»Ich glaube dir, Ines. Wenn du es sagst, dann stimmt es.«

Ich sagte ihm, wie sehr ich ihn liebe und dass wir alle an ihn dachten. Er erwiderte das, und wir verabschiedeten uns, da er kaum noch sprechen konnte. Wir legten auf. Gleich darauf wurde er intubiert und ins künstliche Koma gelegt. Ich wusste, dass ich soeben das letzte Mal mit unserem Helden gesprochen hatte.

Die Nacht verbrachte ich im Sitzen auf dem Sofa und starrte die Wand an, so lange, bis mein Wecker klingelte. Wie ein Roboter füllte ich die Frühstücksdose für die Kinder, weckte sie, brachte sie in die Kita und zur Schule und machte mich schließlich auf den Weg in die Klinik. Dort angekommen, fuhr ich mit dem Fahrstuhl in den dritten Stock zur Intensivstation. Ich versuchte zu vergessen, dass die letzten Worte an meinen Mann eine Lüge gewesen waren, aber ich hatte nicht gewollt, dass er sich fürchtete. Ich versuchte zu verdrängen, dass ich unseren Helden gleich im Koma liegen sehen würde, mit einem Schlauch im Hals und einer Maschine, die für ihn atmete.

Ich klingelte an der Glastür, es dauerte eine gefühlte Ewigkeit, bis mir jemand öffnete. Ich wurde ins Wartezimmer geschickt, wo mich nicht wie sonst eine Schwester abholte, sondern ein Arzt mit einem Aufklärungsbogen für eine OP in der Hand erwartete. Es war geplant, unserem Helden ein Drainagesystem in den Brustkorb zu legen, da er erneut Wasser unter der Lunge hatte. Darüber hinaus zeigten neue CT-Bilder, dass ein Teil der Lunge entzündungsbedingt am Brustkorb festgewachsen war, es mehrere Entzündungsherde gab und Tumormasse in und an der Lunge wucherte. Simons Atemorgan war nicht mehr funktionsfähig.

Ich fragte nach dem Sinn der OP. Sie würde mehr Zeit bringen, erklärte der Arzt. Allerdings eine Zeit in der Klinik, viele Wochen davon auf der Intensivstation. Die Wahrscheinlichkeit, dass unser Held ohne Beatmungsmaschine auskäme, war fast null. Der Arzt redete vom Luftröhrenschnitt und von der Tatsache, dass unser Held nach der OP eventuell Schmerzen, Angst und Stress haben könnte, trotz künstlichen Komas. Genau könne man das nicht sagen. »Es bringt jedoch mehr Zeit auf Erden.«

Ich musste atmen, einfach nur atmen. Plötzlich saß die Psychoonkologin wieder neben mir und klopfte meine Schulter, genauso wie vor wenigen Tagen. Ich wollte nicht, dass unser Held von uns ging, noch viel weniger wollte ich allerdings, dass er dieses Leid weiter ertragen musste. Ich sagte dem Arzt, dass Simon das so nicht gewollt hätte. Er hatte in den letzten Wochen Ängste entwickelt, die ich nicht von ihm kannte. Er wollte nicht mehr in der Klinik sein. Er wollte keine Beatmung, wenn keine Besserung in Aussicht war. Er wollte es einfach nicht.

Der Arzt legte die OP-Unterlagen beiseite und klärte mich über die andere Option auf. »Wir stellen die Behandlung ein, Ihr Mann erhält mehr Schmerz- und Betäubungsmittel. So viel, dass er nichts mitbekommt. Schritt für Schritt verringern wir die Sauerstoffzufuhr durch den Tubus.« Diese Prozedur würde einige Tage dauern, da sie nur langsam erfolge. Simon würde auf palliativ umgestellt, was bedeutete, dass nicht länger in seinen Krankheitsverlauf eingegriffen werden sollte, in keine Richtung. Künstliche Beatmung gehörte auch dazu.

Der Arzt versicherte mir mehrfach, dass Simon währenddessen keine Schmerzen haben würde. Ich versuchte zu atmen. Die Psychologin holte mir ein Glas Wasser. Schließlich nickte ich. »Simon würde die Beatmung nicht wollen.«

Ich verließ die Intensivstation, ich brauchte frische Luft, ich konnte nicht zu Simon gehen, ich schaffte es nicht. Mit dem Fahrstuhl fuhr ich ins Erdgeschoss und rief heulend die Heldenschwägerin an. Ich musste mit irgendwem reden, der Simon kannte. Der Heldenbruder machte sich sofort auf den Weg, genauso wie Simons Eltern und drei Freunde. Als Erstes tauchte eine gute Freundin auf, die die ganze Zeit an meiner Seite wachte und mich daran erinnerte, das Atmen nicht zu vergessen.

# Die großen Flügel

Es dauerte eine knappe Stunde, bis die drei Freunde des
Helden eintrafen. Gemeinsam gingen wir zurück auf die
Intensivstation. Die Oberärztin und der Arzt von zuvor ge-
leiteten mich ins Arztzimmer, die anderen mussten solange
warten. Dieses Gespräch wollte ich allein führen.

Die Entscheidung, die Behandlung eines Patienten ein-
zustellen, muss grundsätzlich zweimal bestätigt werden, und
so erklärte mir die Oberärztin noch einmal, dass es kaum,
eigentlich gar keine Hoffnung auf Besserung gebe. Auch sie
legte mir die Optionen dar, und ich segnete das Beenden der
Behandlung ein zweites Mal ab. Mir wurde schlecht, so richtig doll. Ich krallte mich an das Wasserglas in meiner Hand,
weil mir bewusst wurde, was ich hier gerade entschieden
hatte. Auch wenn ich genau weiß, dass es das Richtige gewesen ist, auch wenn ich genau weiß, dass ich im Sinne unseres Helden handelte, hatte ich das Gefühl, gerade meinen
Mann umzubringen. Mir wurde klar, dass einer der beiden
Schaukelstühle in unserem Garten für immer leer bleiben
wird und dass ich nie wieder in unserem Bett schlafen kann.
Ich dachte an den Wasserdampf und den Duschgelgeruch,
wenn unser Held unter der Dusche stand, ich dachte an dieses leicht verzweifelte Grinsen, wenn ich schon wieder auf
der Suche nach meinem Schlüssel war, ich vermisste schon
jetzt das Zucken, kurz bevor er einschlief.

Ich war inzwischen seit zwei Stunden in der Klinik und
hatte es immer noch nicht geschafft, zu Simon ins Zimmer

zu gehen. Die Ärztin half mir, umarmte mich halb und führte mich hinein. Dort lag er, etwas zur Seite gedreht, mit Kissen gelagert und gestützt. Ein dicker Schlauch im Mund, ab und zu zuckte sein Kopf. Seine Augen waren geschlossen, der Brustkorb hob und senkte sich. Sonst zeigte er keinerlei Regung. Ich konnte das nicht ertragen und brach förmlich zusammen. Die Ärztin stützte mich, die Schwester brachte einen Stuhl und irgendjemand holte meine Freundin aus dem Wartezimmer dazu. Dann saß ich da und sah unseren Helden, wie er seine Flügel vorbereitete. Kurz danach kamen Simons Freunde und sein Bruder herein. Ich heulte und konnte nicht aufhören.

Irgendwann ging mir auf, dass ich unseren Helden in den letzten Wochen nicht ein einziges Mal so ruhig daliegen gesehen hatte, und ich konnte wieder etwas leichter atmen.

Im Schichtsystem harrten wir bei Simon aus. Wenn ich kurz rausging, blieb jemand anderes da. Unser Held war nie allein. Er sollte keine Angst haben und in seinen letzten Stunden nicht allein sein. Um kurz vor 14 Uhr wurde die Behandlung eingestellt, und unser Held zeigte uns recht schnell, dass er keine Tage brauchen würde, um sich zu verabschieden. Inzwischen waren auch die Heldeneltern eingetroffen, um Lebewohl zu sagen.

Am Abend waren wir noch zu fünft. Drei Freunde, ich und unser Held. Gegen 21 Uhr öffneten sich seine Hände, der Sauerstoffgehalt im Blut verringerte sich, der Blutdruck sank. Simon wirkte entspannter, er schien loszulassen, es war, als hätte er den Zeitpunkt selbst bestimmt. Die Freunde vom Helden, die ihn schon seit zwanzig Jahren kannten, erzählten alte Geschichten über Simon. Die Atmosphäre war schön, ruhig und friedlich. Den Intubationsschlauch sah ich schon gar nicht mehr. Fast war es, als hätten wir uns alle einfach getroffen, so wie früher, und Simon war nur als Erstes eingeschlafen.

Kurz vor Mitternacht war der Sauerstoffgehalt in Simons Blut nicht mehr messbar, ebenso wenig der Blutdruck. Um 0.02 Uhr schlug das Heldenherz ein letztes Mal. Simon machte sich auf den Weg, auf seine letzte Reise. Seine Flügel waren bestimmt riesengroß. Etwa dreißig Minuten später wurde unser Held endkabelt, und wir durften erneut ins Zimmer. Dort lag mein, unser geliebter Held. Ohne Kabel und Schläuche. Ganz ruhig. Ich verabschiedete mich, konnte mich kaum trennen und küsste ihn ein letztes Mal auf seine Stirn.

Um kurz nach zwei Uhr nachts verließen wir die Klinik. Vor dem Gebäude tranken wir einen Kurzen. Auf Simon, auf seinen Sieg und gegen den Irrsinn, den Kunibert ihm in den letzten sechs Jahren aufgebürdet hatte.

Etwa zwölf Stunden später stand die nächste große Aufgabe an. Ich musste Leo etwas erklären, das ich selbst noch nicht verstanden hatte. Ich wollte es den Kindern nacheinander sagen, Emma sollte noch eine ruhige Nacht bei Papa-Eins schlafen dürfen. Ihr würde ich es am Samstag erzählen. Wie aber erzählt man seinen Kindern etwas so Unfassbares, für das sie doch noch viel zu jung sind?

# Luftballons für Simon

Am Freitagnachmittag holte Simons Bruder den kleinen Batman aus der Kita ab. Leo kam lachend ins Haus gesprungen, erzählte vom Mittagessen, das nicht lecker gewesen war, und von den Dingen, die er in der Kita gebastelt hatte.

Ich hatte Simons Bruder und dessen Frau gebeten, während des Gespräches dabei zu sein, da ich mir nicht sicher gewesen war, ob ich es allein aushielt. Ich fragte den kleinen Batman, ob er noch wisse, wo Opa war und warum er dort war. Leo erzählte vom Himmel, von Zuckerwattewolken und dass wir den Opa gegrüßt hatten, als wir letztes Jahr mit dem Flugzeug geflogen waren.

Ich erklärte dem Minihelden, dass die Ärzte im Krankenhaus unserem Papa nicht mehr hatten helfen können, weil er so sehr krank gewesen war. Ich erzählte ihm, dass der Papa nun beim Opa sei, weil er gestorben war. Ich sagte ihm, dass es Papa im Himmel besser gehe, weil er dann nie wieder ins Krankenhaus müsse. »Ich bin mir aber sicher, dass er immer auf uns aufpassen wird.«

Der kleine Batman weinte, er schrie. Er wusste nicht, ob er auf meinen Arm mochte, ob er stehen wollte oder sich auf den Boden werfen. Unser Heldensohn schrie, wie ich es noch nie zuvor erlebt hatte. Er brüllte, wie ungerecht das sei, und dass der Papa wieder runterkommen und leben solle. Er weinte und wiederholte immer wieder, dass er nun keinen Papa mehr habe. Ich hielt ihn die meiste Zeit fest, versuchte, seine Gefühle auszuhalten und wiederholte genauso oft, dass ich Papa ebenfalls vermisste und wie gemein das alles sei.

Nach ungefähr einer Stunde beruhigte sich der tapfere Batman, ging in den Garten, guckte nach oben und rief nach seinem Papa. Später setzten wir uns auf die Straße und betrachteten die Wolken. Immer, wenn sie ein paar Lücken ließen und der blaue Himmel sichtbar wurde, meinte Leo, dass der Papa da nun durchschaue.

Die Heldenschwägerin hatte die Idee, Luftballons in den Himmel zu schicken, mit Briefen und Bildern dran. Der kleine Batman malte sofort ein Bild und ließ zwei Ballons in den Himmel steigen. Einmal Darth Vader, »weil der Papa *Star Wars* so mag«, und einen, auf den Simon noch etwas draufmalen konnte. Leo sah den Ballons lange nach und lief ihnen hinterher. Er lachte und rief: »Tschüss, Papa, die sind für dich!« Kurz danach wurde es sonniger, und ich bin mir sicher, dass die Himmelspost angekommen war.

Am Samstag kam Emma nach Hause, zusammen mit Papa-Eins, der bei ihr blieb, während ich sie fragte, wie sie sich den Himmel vorstelle. Die Einhornbändigerin beschrieb einen schönen Ort mit lieben Wesen.

»Weißt du, der Papaheld war schon so lange im Krankenhaus, und trotzdem ging es ihm nicht besser«, sagte ich zu ihr. Ich erzählte von seinen Schmerzen und davon, dass es manchmal so sei, dass auch das beste Krankenhaus nicht helfen könne. »Auch die stärksten Chemoritter können nicht alle Gegner bezwingen.«

Die Wangen der Heldentochter wurden plötzlich rot, sie spielte nervös mit den Fingern, sodass ich wusste, dass dem tapferen Mädchen bewusst war, was ich ihr gleich mitteilen würde. Ich sagte ihr, dass der Papa Krebs hatte und dass es nicht möglich sei, diese Erkrankung zu besiegen. Das große Mädchen nickte, denn das wusste sie bereits. Ich fuhr fort und erklärte, dass ihr Momo-Papa gestorben sei.

Unsere Tochter schwieg. Nach Minuten war ihr erster Satz:»Wie geht's Leo? Der Arme! Ich habe wenigstens noch Papa-Eins.« Dann sagte sie, dass unser Held zurückkommen solle, weil sie ihn jetzt schon vermisse und nicht wolle, dass er tot sei.»Es ist scheiße und unfair und doof.«

Ich stimmte ihr in allem zu. Mit Tränen in den Augen saß ich vor ihr, wir umarmten uns lange.

Am Abend wollte die Einhornbändigerin etwas basteln, was allerdings nicht so klappte, wie sie es sich vorstellte. Das große Mädchen wurde wütend, schrie und rastete plötzlich aus. Zuerst brüllte sie das Bastelzeug an und warf es durch ihr Zimmer. Wenig später rief sie, dass sie Simon vermisse und gar nicht wisse, wieso das passieren musste. Sie vermisse ihn und sei unendlich traurig und verzweifelt. Lange saßen wir beieinander und weinten zusammen.

Am Sonntag besuchte sie dennoch mit ihrer Freundin und Papa-Eins ein Helene-Fischer-Konzert. Danke an Papa-Eins, dass du anstelle von mir gegangen bist, denn so konnte ich beim Batman bleiben. Emma rief mich an, und während im Hintergrund alles jubelte, hörte ich auch unser Mädchen vor Freude kreischen und mitsingen. In der nächsten Zeit wechselte ihre Stimmung oft zwischen Trauer, Verzweiflung, aber auch Lebensfreude.

Ich selbst griff jeden Morgen zuerst nach meinem Handy, um nachzusehen, ob Simon sich gemeldet hatte. Jedes Mal schrie mich mein Hirn an, dass ich den Verstand verloren hätte. Es schrie laut und grell, drang aber nur selten zu mir durch.

Emma bastelte eine Kerze für Simon, die sie jeden Abend anzündete, bevor sie ihm eine gute Nacht wünschte. Leo lief jeden Morgen in den Garten, guckte in den Himmel und rief:»Guten Morgen, Papa, ich hab dich lieb!«

Unsere Welt stand still, und ich wusste nicht, wann sie sich weiterdrehen würde. Die ersten Karten mit schwarzem Rand kamen an, und wir überstanden die obligatorischen Anrufe und Kurzbesuche von Leuten, die sich vorher (und übrigens auch danach) nie hatten blicken lassen. Für uns herrschte ein Ausnahmezustand, während ich das Gefühl hatte, dass das Leben, der Alltag für alle anderen einfach weiterging. Ich verstand das nicht. Die Kinder verstanden es nicht. Leo meinte oft, wie ungerecht es sei, dass er nun keinen Papa mehr habe. Er ging zum Kleiderschrank, um sich Simons Klamotten anzuziehen. Ich knotete und krempelte, damit ein kleiner, sehr zierlicher Junge in eine Männer-L hineinpasste. Kabelbinder retteten mich dabei.

Die Kinder malten jeden Tag Bilder und schrieben Briefe und schickten sie mit extrabunten Luftballons in den Himmel. Wir suchten eine alte Metalldose und packten eine Erinnerungskiste mit Simons Brille, seinen Socken (nichts ging ohne Socken!), kleinen *Star-Wars*-Figuren, Fotos, einem Buch, einer CD und kleinen Kopfhörern, einem Kassenzettel und einem Notizbuch samt Stift. Leo betrachtete die Brille und machte sich Gedanken darüber, ob Simon uns vom Himmel aus überhaupt sehen konnte, wo er seine Sehhilfe doch offensichtlich bei uns vergessen hatte. Wir vergruben die Kiste im Garten, damit die Menschen in vielen, vielen

Jahren, wenn sie sie fanden, wussten, wer Simon gewesen ist. Er sollte nicht vergessen werden. Jeder sollte wissen, dass er ein Held gewesen war, ein Sieger. Ein ewiger Sieger.

Fünf Tage, nachdem Simon über Kunibert gesiegt hatte, wurde er aus der Klinik abgeholt. Die Bestatterin war eine Blogleserin, dadurch »kannte« sie uns bereits etwas. Bevor sie mit Simon die Klinik verließ, durfte ich ihn noch mal sehen. Ich war mit einer guten Freundin von ihm dort. Zuerst traute ich mich nicht. Ich erinnerte mich an den letzten Anblick in der Klinik und rechnete damit, dass das, was ich gleich zu sehen bekäme, noch schlimmer sein würde, noch mehr Kunibert, denn Simons Körper hatte Einblutungen gehabt und seine Haut war ganz wächsern gewesen. Als sich die Tür öffnete, sah ich einen Sarg, aus dem Simons Lieblingsmütze hervorblitzte, und ich blieb auf der Schwelle stehen. Dann ging ich zwei Schritte zurück, als müsste ich über eine unsichtbare Schranke springen. Ich brauchte Anlauf. Ich brauchte mehrere Versuche. Ich brauchte noch mehr Anlauf.

Ich heulte, als ich ihn sah. Da lag er, mein geliebter Simon. Er trug seine Lieblingssachen. Das eine Auge war minimal geöffnet, der linke Mundwinkel leicht hochgezogen. So hat er immer ausgesehen, wenn er schlief. Friedlich, zufrieden und vor allem nicht ängstlich. Um uns herum standen viele Kerzen. Es war unser letztes Date. Zuerst traute ich mich nicht, ihn zu berühren, ihm näher zu kommen. Ich stand abseits und befahl meinen Knien, jetzt bloß nicht nachzugeben. Wie gern hätte ich in diesem Moment über meinen Ferrari gesprochen mit seinen beigefarbenen Sportsitzen oder über den dritten Hund. Ich hätte gern erfahren, ob mein Held gerade wieder Musik hörte. Ich hätte alles dafür gegeben, mein geliebtes Fotolächeln ein letztes Mal zu sehen. Schließlich trat ich doch an ihn heran und nahm seine Hand. Ein letztes Mal. Die Haut war kalt, aber sie fühlte sich noch genauso weich an, wie ich es immer geliebt hatte. Dort lag Simon, nicht mehr Kunibert. Ich hatte keine Ahnung, welche Zauberkräfte die Bestatterin besaß, aber sie muss welche gehabt haben. Keine Spur mehr von Kunibert – vor mir lag nur noch Simon, mein Mann.

Ich erzählte ihm von unseren Kindern, wie toll und stark sie waren. »Danke, dass du aus ihnen so wunderbare Menschen gemacht hast«, weinte ich.

Es war der schwerste Abschied meines Lebens, trotzdem war es einer der schönsten. Ich hatte das Gefühl, unseren Helden in Sicherheit zu wissen, dass ab jetzt gut auf ihn aufgepasst wurde. Ich heulte durchgehend und hyperventilierte das erste Mal in meinem Leben. Und dennoch verließ ich meinen Mann das erste Mal seit Wochen ohne schlechtes Gewissen. Er hatte es geschafft. Mein Held hatte Kunibert besiegt, wenn auch für einen hohen Preis.

Ich legte ihm Fotos in den Sarg, einen Kuschel-Darth-Vader und die Geschenke, die ihm die Kinder zum Papatag gebastelt hatten. Ich erhoffte mir von dieser Abschiednahme, dass ich begriff, dass er nie wieder zur Tür reinkommen und sich entschuldigen würde: »Sorry, dass ich zu spät bin, aber die Straßen waren so voll.«

Ich begriff gar nichts. Oft ertappte ich mich dabei, wie ich ihm Bilder von den Kindern schicken wollte, Fotos auf sein Handy. Regelmäßig setzte ich Wasser auf, um ihm Couscous zu kochen, und merkte erst beim Griff zur Minze, was ich tat. Bis heute begreife ich gar nichts.

# Das Geheimversteck

Die nächsten Tage und Wochen überforderten mich gewaltig. Es kamen Rechnungen aus dem Krankenhaus; das Sanitätshaus, das erst vor Kurzem einen Rollstuhl und andere Hilfsmittel geliefert hatte, bombardierte mich mit Anrufen, warum sie die Gerätschaften wieder abholen sollten. Ich ging zu Banken und Steuerberatern, zu Psychotherapeuten und Ärzten. Ich telefonierte mit der Heldenkrankenkasse und seinem Arbeitgeber. Dazwischen galt es, die Beisetzung zu organisieren.

Emma fuhr für ein paar Tage zu ihrer Oma nach Bayern, und so gingen der kleine Batman und ich allein zur Bestatterin. Allerdings nicht in ein gruseliges Büro, wo hinter jeder Tür eine Urne oder Sarg standen, sondern in Brandenburg auf ein riesiges Grundstück. Ich befürchtete, dass sich Leo dort erst mal an mein Bein klammern würde, so wie er es häufig tat. Doch die Bestatterin besaß nicht nur Zauberkräfte, was Simons letzte Verabschiedung anging, sondern auch bezogen auf den Heldensohn. Bunte Donuts – der kleine Batman liebt sie – lösten seine Schüchternheit schnell. Der Sohn der Bestatterin, der über ein Riesenzimmer mit einer gut sortierten Legosammlung verfügte, ergab den Rest.

Irgendwann begaben wir uns in die »Malecke«, wo zwei Holzböcke mit Decken darunter standen. Am Vortag hatte ich versucht, unserem Sohn zu erklären, was genau wir bei der Bestatterin tun wollten.

»Es gibt da ein Holzding, das Sarg heißt und ein Geheimversteck für den Papa werden soll. Und damit es auch schön aussieht, malen wir es an, okay?«

»Guckt Papa uns denn von oben zu, wenn wir sein Geheimversteck anmalen?«, wollte Leo wissen.

»Ja klar«, erwiderte ich. »Und er wird sich dolle freuen, wenn es ordentlich bunt wird.«

Daraufhin hatte der kleine Batman genau geplant, was er alles malen wollte und welche Farben ich unbedingt einpacken musste. Gelb und das helle Grün, das Papa am liebsten mochte. Dazu noch ein paar Aufkleber, die von unserer Hochzeit übrig geblieben waren.

Wir bemalten nicht den ganzen Sarg – das hätte ich zu gruselig für Leo gefunden. Und für mich selbst auch. Vor uns auf den Holzböcken lag lediglich der Deckel, doch auch dessen Anblick verursachte mir weiche Knie. Während ich mich erst mal hinsetzte, umrundete Leo den aufgebockten Deckel und begutachtete ihn fachmännisch.

»Ah, das ist der Sack«, sagte er schließlich, nahm sich einen Pinsel und malte wie selbstverständlich einfach los. Ein Regenbogen, ein Schmetterling, ein Baum und ein Einhorn. Er klebte die Aufkleber auf und ließ mich wissen: »Du musst unbedingt ein Eis drauf malen, Mama. Ganz groß, damit es ganz lange reicht. Stracciatella und Schokolade!« Die Lieblingseissorten des Helden.

Den Sarg, das Geheimversteck anzumalen, war ein Erlebnis, das ich so schnell nicht wieder erleben muss. Mich erstaunte Leos leichter Umgang damit. Er freute sich, Simon ein letztes Geschenk machen zu können.

»Wir malen das Dach vom Sack an, oder? Dann hat Papa ein Geheimversteck, das sogar schützt, wenn es regnet. Super!«

Leo wusste nicht, dass Simon in diesem Sarg verbrannt werden sollte. Emma habe ich das erzählt, Leo hingegen war noch traumatisiert von Hänsel und Gretel, und ich verschwieg es ihm. Er glaubte, dass Papa in den Himmel geflogen sei und wir auf einer Abschiedsparty eine Erinnerungskapsel begraben würden, die wichtige Dinge von Simon enthielt. So ähnlich, wie wir es bereits im Garten getan hatten. Unsere Kinder fanden die Idee schön, vor allem weil die Kapsel in einem Friedwald unter einem dicken Baum beigesetzt werden sollte.

In vergangenen Jahren war das Thema Tod immer mal wieder Thema bei den Kindern gewesen. Wir hatten es nie von uns aus angesprochen, reagierten aber auf ihre Fragen, ohne dabei zu lügen. Im Vorfeld hatten wir besprochen, unter welchen Umständen sie Simon in der Klinik besuchen durften und wann besser nicht. Der Tatsache geschuldet, dass Kunibert recht schnell das Heldenhirn besetzt hatte und Simon so manches Mal gar nicht mehr wusste, dass er überhaupt Kinder hatte, hatten sich Emma und Leo nicht bewusst von ihrem Papa verabschieden können. Er wollte nicht, dass ich die Kinder mitbrachte, erst recht dann nicht, nachdem er mental kaum noch er selbst gewesen war. Die vielen Zugänge, Schläuche und Drainagen taten das Übrige. Simon wollte nie, dass unsere Kinder Angst vor ihm haben mussten. Auch wenn es so mancher Kinderpsychologe anders sieht, denke ich, dass es für uns der richtige Weg gewesen ist. Emma hätte vermutlich viele Albträume bekommen und Leo hätte nicht verstanden, warum sein über alles geliebter Papa nicht mehr wusste, wer er war.

Stattdessen schickten wir Luftballons in den Himmel, suchten Lücken zwischen den Wolken und hörten immer wieder meine Mailbox ab, auf der noch Simons Stimme zu hören ist.

Wir fuhren in den Friedwald, um einen Baum für unseren Helden auszusuchen, und fanden eine circa hundertfünfzig Jahre alte Buche, mächtig, stark und wunderschön, in die wir uns sofort verliebten. Alles wirkte friedlich, durch die Baumwipfel pressten sich die Sonnenstrahlen. Der Heldenbaum wurde förmlich von der Sonne angestrahlt. Die Wurzeln waren mit Moos bewachsen, und direkt daneben ragte ein alter Baumstumpf aus dem Boden, der aussieht wie ein kleiner Hocker. Ich legte meine Hände an den Baum, ganz oft, als könnte ich durch ihn Simon berühren.

Es ist ein magischer Ort, und Leo plante bereits das erste Picknick hier. Einen Hügel, um im Winter Schlitten zu fahren, entdeckte er ebenfalls. Das einzige Problem war, dass die Buche ein Familienbaum mit 14 Plätzen darunter war und außerhalb unseres Budgets lag. Egal. Noch vor Ort rechnete ich mehrfach alle Kosten durch und sagte zu. Wir wollten diesen Baum, und inzwischen habe ich meinen eigenen Platz zwischen seinen Wurzeln reserviert. Die der Kinder folgen noch.


Dann war es plötzlich so weit. Die Urne sollte beigesetzt werden. Viele Menschen kamen in den Friedwald, um sich von unserem Helden zu verabschieden. Viele von ihnen kannte ich, einige nicht. Wir trafen uns am Eingang des Friedwaldes, und die Bestatterin begrüßte alle Anwesenden und sagte, dass wir gleich zusammen mit Simons Erinnerungskapsel zum Baum gingen. Tausend Dank an dieser Stelle, dass du die Urne ebenfalls »Erinnerungskapsel« genannt hast, denn so hatte ich es unseren Kindern erklärt: eine Erinnerungskapsel mit den wichtigsten Dingen und Erinnerungen vom Papa drin.

Hinter der Urne stand eine Seifenblasenmaschine, die eine gute Seele mitgebracht hatte. Ursprünglich hatten wir geplant, dass alle Gäste bunte Heliumballons aufsteigen lassen sollten, was uns aufgrund akuter Waldbrandgefahr jedoch untersagt worden war. Stattdessen sollte es nun also jede Menge Seifenblasen geben, was besonders die Einhornbändigerin toll fand. Sie hüpfte herum und wollte jede Blase fangen. Der kleine Batman hingegen betrachtete ganz andächtig die Erinnerungskapsel, die zwei Ginkgoblätter trägt.

»Eines der Blätter ist für deine Schwester«, sagte die Bestatterin zu ihm. »Das andere ist für dich. Damit euer Papa immer an euch denkt.«

Nach der Begrüßung spielte das Lied *99 Red Balloons* von Goldfinger und unsere Kinder ließen ihre Ballons in den Himmel steigen, was nur ihnen erlaubt worden war.

Simons Geheimkapsel ist biologisch abbaubar. In etwa zwei Jahren wird sie verschwunden sein. Die Heldenasche wird dann zu Nährstoff für den Baum und mein geliebter Mann ein Teil von ihm. Bäume werden alt, sehr alt. Und ich bin mir sicher, dass diese Buche jedes Unwetter überstehen wird. Eine Messingplatte am Stamm erinnert an unseren Helden:

Heldenbaum

Simon Gillmeister *30.12.1980, † 6.7.2018

Du bist nicht mehr dort, wo du warst, aber du wirst immer dort sein, wo wir sind.

**WIR BESIEGEN BLUTKREBS**

# WOLLEN SIE EIN HELD SEIN?

So werden Sie zum Held: Registrieren Sie sich auf dkms.de in Deutschlands größter Stammzellspenderdatei und schenken Sie Blutkrebspatienten eine zweite Chance auf Leben. Denn immer noch findet jeder 10. Blutkrebspatient in Deutschland keinen geeigneten Spender.

**Mund auf. Stäbchen rein. Spender sein.**

Jetzt registrieren auf **dkms.de**

# Impressum

Ines Gillmeister
**Rock den Himmel, mein Held**
Der Krebs hat sich meinen Mann geholt, doch sein Vermächtnis gibt Tausenden Hoffnung
ISBN: 978-3-95910-213-1

Eden Books
Ein Verlag der Edel Germany GmbH
Copyright © 2019 Edel Germany GmbH, Neumühlen 17, 22763 Hamburg
www.edenbooks.de | www.facebook.com/EdenBooksBerlin | www.edel.com
1. Auflage 2019

Projektkoordination: Svenja Monert und Kathrin Riechers
Lektorat: Friederike Haller
Umschlaggestaltung: Rosanna Motz
Fotos: © Ines Gillmeister privat
Layout und Satz: Datagrafix GSP GmbH, Berlin | www.datagrafix.com
Druck und Bindung: optimal media GmbH, Glienholzweg 7, 17207 Röbel/Müritz

Das FSC®-zertifizierte Papier *Holmen Book Cream* für dieses Buch lieferte Holmen Paper, Hallstavik, Schweden.

Dieses Buch ist auch als E-Book erhältlich.

Um die kulturelle Vielfalt zu erhalten, gibt es in Deutschland und in Österreich die gesetzliche Buchpreisbindung. Für Sie, liebe Leserin und lieber Leser, bedeutet das, dass Ihr verlagsneues Buch jeweils überall dasselbe kostet, egal, ob Sie Ihre Bücher gern im Internet, in einer großen Buchhandlung oder beim kleinen Buchhändler um die Ecke kaufen.